La Cocina del Cielo – Volumen 3

Las Voces que Formaron la Receta

Ingredientes que nunca elegí

Dedicatoria

A todos los que alguna vez pensaron que estaban demasiado rotos, demasiado cansados o demasiado confundidos para volver a sentirse en paz.

A quienes han vivido luchando con pensamientos, ansiedad, heridas internas o recetas viejas que parecían imposibles de cambiar.

Y a quienes todavía siguen aprendiendo a tratarse con más gracia, más ternura y más esperanza.

Este libro es un recordatorio de que el Gran Chef todavía trabaja incluso en las recetas que parecen más difíciles.

Y mientras Él siga cocinando... todavía hay esperanza.

Agradecimientos

A Dios, quien vio en mí algo que yo misma no veía, y decidió trabajar conmigo aun cuando dudé de cada proceso.

A las voces que marcaron mi historia, porque aunque no todas fueron correctas, todas fueron usadas para formar lo que hoy Él está restaurando.

A las temporadas que no entendí, pero que me sostuvieron más de lo que imaginé.

Y a cada persona que, sin saberlo, fue parte de los ingredientes que hoy están siendo transformados en propósito.

Nada de esto nació perfecto, pero todo ha sido sostenido por Su gracia.

INDICE

Introducción

Antes de que Dios comenzara a trabajar en mí, ya había algo en marcha dentro de mí. Ya existían pensamientos que no cuestionaba, palabras que había aceptado como verdad y una manera de verme que, sin darme cuenta, influía en todo lo que hacía. No era solo que yo pensaba de cierta manera, era que Dios ya estaba trabajando en mí, aun cuando yo no entendía lo que estaba pasando dentro.

Durante mucho tiempo pensé que mis actitudes eran el problema, que si lograba cambiar mi forma de actuar, todo lo demás se acomodaría. Pero con el tiempo entendí algo más profundo: mis actitudes no nacieron solas. Fueron el resultado de pensamientos formados en silencio, de voces que escuché en momentos donde aún no tenía la capacidad de discernir si eran verdad o no.

Este libro no es un llamado a pensar positivo. Es una invitación a detenernos y preguntarnos quién habló primero, qué creímos sin darnos cuenta y cómo eso sigue afectando la manera en que vivimos hoy. Porque no todo lo que pensamos nació en nosotros. Mucho de lo que creemos fue sembrado por experiencias, por personas y por momentos que dejaron una marca más profunda de lo que imaginamos. Algunas de esas voces fueron correctas, otras no, pero todas dejaron huella, y esa huella se convirtió en parte de la receta con la que hemos vivido.

En **La Cocina del Cielo** hemos hablado de los procesos y de las actitudes, pero en este volumen vamos a entrar en un lugar más íntimo: la cocina interna, donde se formaron los ingredientes que luego se manifestaron en nuestra vida. Aquí no se trata de culpar a nadie ni de negar lo vivido, sino de reconocer. Reconocer que hay pensamientos que nunca elegimos, pero que hemos sostenido por años; reconocer que hay voces que nos moldearon, pero que no tienen la autoridad final sobre quién somos; y reconocer que el Gran Chef no solo trabaja con lo visible, sino que también entra en lo profundo, revisa la receta y transforma lo que parecía fijo.

Si alguna vez has sentido que reaccionas de maneras que no entiendes, que te comparas sin querer, que dudas de ti sin razón aparente o que cargas pensamientos que no sabes de dónde vienen, este libro es para ti. No para señalarte, sino para acompañarte. Porque la receta no empezó contigo, pero Dios puede transformarla en ti.

Capítulo 1

La primera voz

Hay momentos en la vida donde algo se marca en nosotros antes de que tengamos la capacidad de entenderlo. No es una decisión consciente, no es algo que elegimos; simplemente ocurre. Una palabra, una reacción, una mirada, una experiencia y de pronto algo dentro de nosotros empieza a tomar forma. No siempre sabemos explicarlo, pero comenzamos a vernos de cierta manera, a reaccionar desde un lugar que no cuestionamos, como si esa fuera la verdad absoluta sobre quiénes somos.

Antes de que Dios comenzara a trabajar en nosotros de forma consciente, ya había algo en marcha dentro de nosotros. Ya existían pensamientos que no cuestionábamos, palabras que habíamos aceptado como verdad y una manera de vernos que, sin darnos cuenta, influía en todo lo que hacíamos. No era solo que pensábamos de cierta manera, era que Dios ya estaba trabajando en nosotros, aun cuando no entendíamos lo que estaba pasando dentro.

Muchas de las voces que hoy influyen en nosotros comenzaron en etapas donde no teníamos la capacidad de discernirlas. En algunos casos, incluso desde la niñez, palabras que parecían simples terminaron formando parte de nuestra identidad sin que lo notáramos. No las cuestionamos porque no sabíamos que podíamos hacerlo, y con el tiempo, comenzaron a dirigir la manera en que pensábamos, sentíamos y reaccionábamos.

En algunos casos, esas palabras se instalaron de manera tan profunda que empezaron a definir lo que creíamos ser. Tal vez no recordamos exactamente cuándo ocurrió, pero sí podemos reconocer el efecto: dudas constantes, comparación, inseguridad o una percepción limitada de nosotros mismos. No porque esa sea la verdad, sino porque fue la voz que se quedó.

La Biblia nos muestra una imagen clara de esto en la vida de Mefiboset. Cuando era niño, su criada, tratando de protegerlo en medio de una situación de peligro, lo tomó en sus brazos y salió corriendo. Su intención no era dañarlo; estaba tratando de salvarlo. Sin embargo, en medio de la prisa, lo dejó caer, y aquella caída marcó su vida. A partir de ese momento, Mefiboset quedó limitado físicamente, y con el tiempo terminó viviendo en Lo-debar, un lugar de escasez, olvido y aparente insignificancia.

No fue maldad lo que provocó la caída. Fue una acción desde el cuidado, pero sin las herramientas necesarias para manejar lo que llevaba en sus manos. Y muchas veces eso mismo ocurre con nosotros. Hay personas que quisieron cuidarnos, protegernos o guiarnos, pero no supieron cómo hacerlo de la manera correcta. Desde sus propias limitaciones, dijeron palabras, hicieron correcciones o reaccionaron de formas que terminaron marcándonos más de lo que imaginaban.

Nuestro diseño no comenzó con esas voces. Nuestro diseño comenzó con Dios. Él fue quien nos formó con intención, con propósito y con un valor que no dependía de la opinión de nadie. Sin embargo, las primeras voces que marcaron nuestra vida no siempre estuvieron alineadas con ese diseño. No necesariamente porque quisieran hacer daño, sino porque muchas veces no tenían las herramientas para entender lo que Dios había puesto en nosotros. No supieron manejar lo extraordinario del diseño de Dios, y desde sus propias limitaciones, hablaron sin comprender completamente lo que tenían delante.

El problema no es solo lo que ocurrió en ese momento, sino lo que hacemos con eso después. Porque Mefiboset no solo fue marcado por una caída, también fue definido por el lugar donde terminó. Lo-debar se convirtió en su realidad, y con el tiempo, su identidad comenzó a alinearse más con su condición que con su origen. Sin embargo, su diseño no cambió. Él seguía siendo parte de la casa real, aunque estuviera viviendo lejos de ella.

De la misma manera, nosotros podemos haber sido marcados por voces que no entendieron nuestro diseño, pero eso no significa que definieron quiénes somos. Nuestro origen no está en lo que otros dijeron, sino en lo que Dios estableció desde el principio. Y aunque por un tiempo hayamos vivido en nuestro propio "Lo-debar", eso no es evidencia de que ese sea nuestro lugar, sino de que hubo un proceso que aún no había sido revelado completamente.

Dios no entra a nuestra historia ignorando lo que ocurrió. Él no niega la caída, ni las palabras, ni las marcas. Pero tampoco permite que eso tenga la última palabra. Él entra para revelar, para ordenar y para recordarnos que lo que Él diseñó no puede ser anulado por lo que otros no supieron manejar.

La primera voz que escuchamos pudo haber dejado una marca, pero no fue la voz final. Y si hoy podemos reconocerla, también podemos comenzar a someterla a la verdad de Dios. Porque aunque alguien no haya sabido cómo sostenernos en un momento, Dios nunca perdió de vista el diseño que puso en nosotros.

Pero la historia de Mefiboset no termina en Lo-debar.

En un momento que él no provocó, fue llamado. No porque hubiera hecho algo para merecerlo, sino por una decisión del rey. David preguntó si quedaba alguien de la casa de Saúl a quien pudiera mostrarle bondad, y el nombre de Mefiboset salió a la luz. Aquel que vivía escondido, limitado y lejos de su identidad, fue traído de vuelta.

Cuando llegó ante el rey, su respuesta revela el estado de su corazón. No se presentó como alguien perteneciente, sino como alguien sin valor. Se llamó a sí mismo "un perro muerto", evidenciando que su identidad había sido afectada no solo por su condición, sino por el lugar donde había vivido y por lo que había creído de sí mismo.

Sin embargo, David no respondió a su percepción, sino a su identidad. No lo trató como alguien olvidado, sino como alguien que pertenecía. No solo le devolvió las tierras de su abuelo, sino que le dio un lugar permanente en la mesa del rey. No era una visita, no era algo temporal. Era una posición restaurada.

Mefiboset seguía cojo. Su condición no cambió de inmediato. Pero su lugar sí. Y eso transformó completamente su realidad.

De la misma manera, nosotros podemos haber sido marcados por voces que no entendieron nuestro diseño, pero Dios no nos deja definidos por ese lugar. Él nos llama, nos trae de vuelta y nos sienta en una posición que no depende de lo que nos pasó, sino de lo que Él estableció desde el principio.

Tal vez hay áreas en nuestra vida que aún reflejan la caída, pero eso no significa que seguimos en Lo-debar. Porque cuando Dios interviene, no borra la historia, pero sí redefine el lugar desde donde vivimos.

Y en Su mesa, lo que antes nos avergonzaba queda cubierto, lo que parecía pérdida comienza a ser restaurado, y lo que creíamos que nos definía pierde su autoridad.

Porque Él no responde a lo que creemos de nosotros... responde a lo que ya ha dicho.

Aunque no te sientas digno, Dios te está buscando para mostrarte Su bondad.

Y ese llamado... también es para nosotros.

<u>**La mesa de reflexión**</u>

Verdad que permanece

Nuestro diseño no comenzó con las voces que escuchamos, comenzó con Dios. Y aunque hayamos vivido desde lo que otros dijeron, Él sigue respondiendo a lo que ya estableció sobre nosotros.

Oración

Señor, ayúdanos a reconocer las voces que han influido en nuestra vida sin que nos diéramos cuenta. Danos claridad para identificar lo que no viene de Ti y la gracia para soltarlo sin culpa. Recuérdanos que nuestro valor no depende de cómo nos hemos visto, sino de lo que Tú ya has dicho. Y aun cuando no nos sintamos dignos, enséñanos a responder a Tu llamado y a recibir Tu bondad. Amén.

Frase sazonada

Dios no responde a nuestra autopercepción, responde a Su verdad.

Actividad individual

1. Escribe una palabra, experiencia o voz que haya influido en la manera en que te ves a ti mismo.
2. ¿Esa voz está alineada con lo que Dios dice sobre ti?
3. ¿De qué manera has reaccionado o vivido desde esa voz?
4. Ora:
    "Gran Chef, ayúdame a reconocer las voces que han influido en mi vida sin que me diera cuenta. Enséñame a verme desde Tu verdad y no desde lo que otros no supieron manejar."
5. Escribe una verdad bíblica que pueda comenzar a reemplazar esa voz esta semana.

Capítulo 2

La voz que se quedó

No todas las voces tienen el mismo peso. Algunas pasan y se olvidan, pero hay otras que, sin darnos cuenta, se quedan. No necesariamente porque fueran más fuertes, sino porque llegaron en el momento donde más vulnerables estábamos. Y lo que se queda, con el tiempo, comienza a repetirse desde adentro.

Al principio, la voz es externa. Viene de alguien más, de una experiencia, de un momento específico. Pero con el tiempo, esa voz deja de necesitar origen, porque nosotros mismos comenzamos a repetirla. Ya no hace falta que alguien la diga; ahora vive dentro de nosotros.

Y ahí es donde se vuelve peligrosa.

Porque cuando una voz se queda el tiempo suficiente, deja de sentirse como una opinión externa y comienza a sentirse como verdad interna. No la cuestionamos, no la analizamos, no la filtramos. Simplemente la aceptamos... y comenzamos a vivir alineados con ella.

Tal vez fue una palabra directa, o tal vez fue una experiencia que nos hizo sentir menos. No siempre recordamos el momento exacto, pero sí reconocemos el efecto: una tendencia a dudar, a compararnos, a detenernos antes de intentar. Y lo más profundo de esto es que muchas veces no sabemos que estamos reaccionando desde una voz que no nació en Dios.

La Biblia nos muestra esta realidad en la vida de Ana. Ella vivía con una carga constante: no podía tener hijos, y en su entorno había una voz que se encargaba de recordárselo una y otra vez. Penina, la otra mujer de su esposo, la provocaba continuamente, señalando aquello que ya era doloroso para Ana.

No era una palabra aislada. Era una repetición. Año tras año, en momentos específicos, esa voz volvía a aparecer, tocando la misma herida, recordándole lo mismo una y otra vez. Y ese tipo de voz es la que más marca, porque no solo se escucha... se internaliza.

Ana pudo haber hecho lo que muchas veces hacemos: repetir esa voz dentro de sí, asumirla como verdad y vivir definida por ella. Pudo haberse encerrado en lo que no tenía, en lo que otros señalaban, en lo que parecía evidente. Pero hizo algo diferente.

En lugar de adoptar la voz, la llevó a Dios.

En medio de su dolor, no se aisló ni se endureció. Se presentó delante del Señor y derramó su corazón con tal intensidad que incluso fue malinterpretada. Pero lo que estaba ocurriendo no era debilidad, era un proceso. Dios estaba trabajando en ella en medio de esa voz que la rodeaba.

La historia de Ana no cambia porque la voz externa desaparece de inmediato. Cambia porque su respuesta cambia. En lugar de repetir lo que escuchaba, decidió entregarlo. Y en ese acto, algo comenzó a transformarse dentro de ella.

Porque hay una diferencia entre una voz que se repite...
y una voz que se somete.

Cuando repetimos una voz, la fortalecemos. Cuando la presentamos delante de Dios, la exponemos. Y lo que se expone a la verdad de Dios, no puede permanecer igual.

Muchas de las voces que hoy siguen activas en nosotros no se han quedado porque sean verdaderas, sino porque no han sido confrontadas. Las hemos normalizado, las hemos aceptado, y en algunos casos, hasta las hemos defendido sin darnos cuenta.

Pero no todo lo que se quedó en nosotros tiene derecho a permanecer.

Dios no trabaja solamente con lo que hacemos; Él trabaja con lo que creemos. Y muchas veces, antes de cambiar nuestras acciones, comienza a confrontar las voces que hemos permitido que se establezcan dentro de nosotros. No lo hace con condena, sino con claridad. No para avergonzarnos, sino para liberarnos.

Este proceso no siempre es cómodo. Hay que reconocer que una voz que hemos sostenido por tanto tiempo no es verdad implica soltar algo que ya se sentía parte de nosotros. Implica dejar de reaccionar de la misma manera, dejar de justificarnos desde ese lugar y comenzar a responder diferente.

Pero ahí es donde empieza la transformación real.

No cuando intentamos actuar distinto por fuera, sino cuando comenzamos a pensar distinto por dentro.

Porque cuando cambia la voz que escuchamos, cambia la forma en que vivimos.

Y eso no lo hacemos solos.

Dios no solo señala la voz incorrecta; Él introduce la correcta. No solo revela lo que no viene de Él; también establece lo que sí viene de Él. Y en ese intercambio, poco a poco, nuestra mente comienza a alinearse con Su verdad.

Tal vez hoy hay voces que aún se repiten dentro de nosotros, pensamientos que parecen automáticos, reacciones que sentimos inevitables. Pero si podemos reconocerlos, también podemos someterlos. No para negarlos, sino para reordenarlos.

Porque lo que Dios quiere establecer en nosotros no es más fuerte que las voces que hemos escuchado, es más verdadero.

Y la verdad, cuando se sostiene lo suficiente... también se queda.

La mesa de reflexión

Verdad que permanece
No toda voz que se repite es verdad, pero toda voz puede ser sometida a Dios.

Oración
Señor, ayúdanos a reconocer las voces que hemos repetido sin cuestionarlas. Danos discernimiento para identificar lo que no viene de Ti y la valentía para entregártelo. Enséñanos a no repetir lo que nos limita, sino a sostener lo que Tú has dicho sobre nosotros. Amén.

Frase sazonada
No toda voz que se repite merece quedarse.

Actividad individual

1. Identifica una frase o pensamiento que hayas repetido sobre ti por años.
2. ¿De dónde crees que vino originalmente esa voz?
3. ¿Cómo ha influido en tus decisiones, emociones o manera de reaccionar?
4. Ora:
    "Gran Chef, ayúdame a reconocer las voces que he aceptado como verdad sin cuestionarlas. Muéstrame lo que no viene de Ti y enséñame a reemplazarlo con Tu verdad."
5. Escribe una verdad bíblica que puedas repetir esta semana cada vez que esa voz vuelva a aparecer.

Capítulo 3

La comparación silenciosa

Hay pensamientos que llegan de manera tan automática que ni siquiera los cuestionamos. Aparecen rápido, se sienten normales y reaccionamos desde ellos antes de detenernos a examinarlos. Muchas veces no son pensamientos escandalosos ni evidentes; son pequeños comentarios internos que se repiten tanto que terminan convirtiéndose en parte de nuestra manera de vivir.

"Ella lo hace mejor."

"Yo nunca podré."

"No soy suficiente."

"No tengo lo que hace falta."

Y aunque nadie más los escuche, esas voces internas comienzan a influir en la manera en que nos vemos, en cómo respondemos y hasta en lo que creemos posible para nosotros.

La comparación casi nunca comienza con orgullo. Muchas veces comienza con inseguridad. Comienza cuando dejamos de mirar el diseño que Dios nos dio y empezamos a medirnos usando la vida de otros como referencia. Y cuando hacemos eso, terminamos sintiéndonos insuficientes, atrasados o menos valiosos, no porque Dios lo haya dicho, sino porque estamos evaluándonos desde el lugar incorrecto.

La Biblia nos muestra algo parecido en la vida de Saúl. Cuando el pueblo comenzó a cantar que David había derrotado a diez miles mientras Saúl solo a miles, algo se activó dentro de él. El problema no era únicamente la canción; el problema era lo que esa comparación despertó en su interior.

Saúl comenzó a mirar a David como amenaza porque ya no estaba viendo su identidad desde el propósito que Dios le había dado, sino desde lo que otro parecía representar. Y cuando una persona pierde de vista su diseño, la comparación comienza a contaminar su percepción.

La comparación tiene esa capacidad: distorsiona. Hace que olvidemos lo que Dios sí nos dio porque estamos demasiado enfocados en lo que parece haberle dado a otros. Y poco a poco, comenzamos a vivir cansados, compitiendo con personas que ni siquiera están peleando con nosotros.

Lo más peligroso de la comparación silenciosa es que muchas veces se disfraza de admiración. Pensamos que simplemente estamos observando, pero por dentro nos estamos disminuyendo. Empezamos a minimizar nuestros procesos, nuestros avances y hasta nuestras capacidades porque estamos mirando resultados ajenos sin entender las temporadas que los produjeron.

Y ahí es donde nacen pensamientos automáticos que afectan todo lo demás.

Porque si creemos constantemente que no somos suficientes, comenzaremos a reaccionar desde esa idea. Algunas veces nos esconderemos, dudaremos de nuestras decisiones o evitaremos oportunidades. Pero otras veces ocurrirá lo contrario: intentaremos demostrar constantemente nuestro valor.

Nos volveremos personas agotadas, tratando de producir más, hacer más y alcanzar más, no necesariamente desde el propósito, sino desde la necesidad de sentirnos suficientes. Y cuando la comparación se mezcla con inseguridad, el descanso comienza a sentirse como culpa.

Entonces dejamos de disfrutar los procesos porque todo se convierte en una medida de valor. Si otros avanzan más rápido, sentimos presión. Si alguien sobresale, sentimos que nosotros estamos quedándonos atrás. Y sin darnos cuenta, comenzamos a vivir esforzándonos por demostrar algo que Dios nunca nos pidió probar.

Porque el valor de nuestro diseño no depende de cuánto producimos, sino de quién nos diseñó.

Pero Dios nunca diseñó nuestras vidas para ser copiadas.

Él no trabaja en serie; trabaja con diseño. Y cuando olvidamos eso, terminamos frustrados intentando producir frutos que no corresponden a nuestra temporada ni a nuestro propósito.

David nunca tuvo que convertirse en Saúl para ser usado por Dios. Y Saúl nunca necesitó compararse con David para seguir teniendo propósito. Pero cuando la comparación entra, dejamos de administrar lo que Dios puso en nuestras manos porque estamos demasiado ocupados mirando las manos de otros.

La comparación silenciosa también nos desconecta de la gratitud. Dejamos de reconocer lo que Dios ya está haciendo en nosotros porque creemos que solo tiene valor aquello que se parece a lo que vemos en alguien más. Y sin darnos cuenta, comenzamos a despreciar los procesos que Dios sí está usando.

Pero lo que Dios está formando en nosotros no necesita parecerse a nadie más para tener valor.

Muchas veces, detrás de la comparación hay una voz más profunda diciendo: "No eres suficiente tal como eres." Y cuando esa voz se sostiene por mucho tiempo, comenzamos a perseguir aprobación en lugar de propósito.

Por eso Dios constantemente nos llama a volver la mirada hacia Él. Porque mientras más miramos a otros, más confundidos nos sentimos; pero mientras más miramos el diseño de Dios, más claridad recuperamos sobre quiénes somos.

La transformación comienza cuando dejamos de medir nuestro valor usando vidas ajenas como referencia y comenzamos a creer que Dios no se equivocó con el diseño que puso en nosotros.

No significa que dejaremos de admirar a otros. Significa que ya no necesitaremos disminuirnos para hacerlo.

Porque cuando entendemos que Dios trabaja de manera intencional con cada uno, dejamos de vivir desde competencia y comenzamos a vivir desde identidad.

Y donde hay identidad... la comparación pierde fuerza.

La mesa de reflexión

Verdad que permanece
Cuando olvidamos nuestro diseño, comenzamos a compararnos desde la inseguridad.

Oración
Señor, ayúdanos a reconocer las áreas donde hemos permitido que la comparación afecte nuestra identidad. Enséñanos a valorar el diseño que Tú pusiste en nosotros y a dejar de medir nuestro valor usando la vida de otros como referencia. Recuérdanos que nuestro propósito no necesita parecerse al de nadie más para tener significado. Amén.

Frase sazonada
La comparación nos hace olvidar lo que Dios sí puso en nuestras manos.

Actividad individual

1. ¿En qué área de tu vida tiendes a compararte más con otros?
2. ¿Qué pensamiento automático suele aparecer cuando haces esa comparación?
3. ¿Cómo ha afectado eso tu manera de verte o de actuar?
4. Ora:
   "Gran Chef, ayúdame a dejar de mirar mi vida desde la comparación y enséñame a verla desde Tu diseño."
5. Escribe tres cosas que Dios ya ha desarrollado en ti y que normalmente minimizas cuando te comparas.

Capítulo 4

Cuando dejamos de cuestionarlo

Hay pensamientos que repetimos tantas veces que dejan de sentirse como pensamientos y comienzan a sentirse como parte de nuestra personalidad. Reaccionamos de cierta manera, asumimos ciertas cosas sobre nosotros mismos o interpretamos situaciones desde el mismo lugar una y otra vez, hasta que llega un momento donde dejamos de cuestionarlo.

Simplemente pensamos:

"Yo soy así."

"Siempre reacciono igual."

"A mí todo me afecta."

"Yo nunca podré cambiar."

Y sin darnos cuenta, comenzamos a vivir desde patrones que ya ni examinamos.

Lo automático tiene poder. Porque aquello que repetimos constantemente termina formando caminos dentro de nosotros. Reaccionamos antes de pensar, asumimos antes de discernir y respondemos desde lugares que muchas veces no nos hemos detenido a revisar delante de Dios.

Pero no todo lo automático viene de nuestro diseño.

Muchas veces, lo que hoy sentimos natural fue aprendido en medio del dolor, del miedo, del rechazo o del agotamiento. Nos acostumbramos tanto a reaccionar desde ciertas heridas que comenzamos a creer que esa es nuestra verdadera identidad.

La Biblia nos muestra algo poderoso en la vida de Elías. Después de haber vivido uno de los momentos más sobrenaturales de su ministerio, después de ver fuego descender del cielo y experimentar una gran victoria, una amenaza de Jezabel fue suficiente para activar algo dentro de él.

Y de pronto, aquel hombre que acababa de ver el poder de Dios comenzó a correr lleno de miedo.

Elías huyó, se aisló y llegó a un punto donde deseó hasta morir. Sus pensamientos cambiaron completamente la manera en que veía su realidad. Ya no estaba reaccionando desde la victoria que acababa de vivir, sino desde el agotamiento, el temor y la presión acumulada dentro de él.

Y aquí hay algo importante: Dios no comenzó corrigiéndolo inmediatamente.

No le dijo:

"¿Dónde está tu fe?"

"¿Cómo es posible que pienses así después de lo que viviste?"

No.

Primero lo dejó descansar. Lo alimentó. Lo fortaleció. Y luego comenzó a hablarle.

Eso nos revela algo profundo: hay pensamientos y reacciones que no se transforman solamente con confrontación. Algunas cosas necesitan descanso, presencia de Dios y renovación antes de poder ser procesadas correctamente.

Muchas veces intentamos corregir nuestras reacciones sin entender el estado interno desde donde las estamos viviendo. Nos frustramos porque seguimos reaccionando igual, pero no nos detenemos a reconocer que llevamos mucho tiempo agotados emocionalmente, mentalmente o espiritualmente.

Y una mente agotada interpreta diferente.

Cuando estamos agotados, todo parece más grande, más pesado y más amenazante de lo que realmente es. Perdemos claridad. Nos encerramos en nuestros pensamientos. Y aquello que comenzó como una voz externa termina convirtiéndose en una reacción automática.

Por eso hay personas que automáticamente: se defienden, se aíslan, desconfían, se comparan, o esperan rechazo aun cuando nadie las está rechazando.

No necesariamente porque así fueron diseñadas, sino porque aprendieron a sobrevivir reaccionando de esa manera.

Pero Dios no quiere solamente mostrarnos nuestras reacciones; quiere enseñarnos a cuestionarlas.

Quiere que aprendamos a detenernos antes de asumir que todo pensamiento merece ser creído. Quiere enseñarnos a discernir qué viene realmente de nuestro diseño y qué simplemente se volvió costumbre dentro de nosotros.

Porque una reacción repetida no necesariamente es una verdad.

Y lo automático no siempre es natural; muchas veces es aprendido.

La transformación comienza cuando dejamos de justificar todo diciendo "yo soy así" y comenzamos a preguntarnos:

"¿Esto realmente viene de Dios?"

"¿Esto refleja Su diseño en mí?"

"¿O es una receta que he repetido tantas veces que dejé de cuestionarla?"

Dios no se intimida por nuestras reacciones automáticas. Él sabe de dónde vienen. Y así como hizo con Elías, no siempre comienza corrigiendo; muchas veces comienza restaurando.

Porque hay procesos donde antes de confrontar nuestra mente, Él primero quiere sanar nuestro cansancio.

Y cuando Dios comienza a renovar lo que hay dentro de nosotros, poco a poco dejamos de vivir reaccionando automáticamente y comenzamos a responder con intención.

Eso toma tiempo. Toma práctica. Toma conciencia. Pero también toma disposición para dejar de llamar identidad a cosas que Dios quiere transformar.

Porque no todo lo que aprendimos a repetir merece quedarse para siempre.

La mesa de reflexión

Verdad que permanece

No todo lo que me sale automático viene de mi diseño.

Oración

Señor, ayúdanos a reconocer las reacciones y pensamientos que hemos normalizado sin cuestionarlos. Muéstranos qué áreas de nuestra vida están respondiendo desde heridas, agotamiento o miedo, y no desde Tu verdad. Enséñanos a detenernos, discernir y permitir que Tú transformes lo que hemos repetido por años. Amén.

Frase sazonada

Una reacción repetida no necesariamente es una verdad.

Actividad individual

1. ¿Qué reacción automática tienes con más frecuencia cuando te sientes herido, cansado o inseguro?

2. ¿Crees que esa reacción refleja tu diseño o una forma de sobrevivir que aprendiste con el tiempo?

3. ¿Qué situaciones suelen activar esa respuesta automática en ti?

4. Ora:

   "Gran Chef, enséñame a reconocer las recetas que he repetido por años sin cuestionarlas. Ayúdame a responder desde Tu verdad y no desde mis heridas."

5. Esta semana, practica detenerte unos segundos antes de reaccionar en una situación difícil y pregúntate:

   "¿Estoy reaccionando desde mi diseño o desde una receta automática?"

Capítulo 5

La voz que anticipa rechazo

Hay personas que entran a un lugar esperando conexión. Pero también hay personas que entran esperando rechazo. Aunque nadie haya dicho nada todavía, por dentro ya están preparándose para ser ignoradas, corregidas, desplazadas o heridas.

Y muchas veces ni siquiera se dan cuenta.

Porque cuando una persona ha vivido demasiado tiempo siendo marcada por ciertas experiencias, comienza a interpretar la vida desde la anticipación. Ya no reacciona solamente a lo que ocurre; reacciona a lo que cree que podría ocurrir.

Entonces se protege antes de tiempo. Se distancia antes de que alguien la lastime. Se pone a la defensiva antes de escuchar completamente. O interpreta silencios, miradas y actitudes desde heridas que todavía siguen abiertas.

No porque sea exagerada. No porque quiera complicarlo todo. Sino porque hay voces que dejaron una expectativa interna de rechazo.

Y cuando esa expectativa se repite lo suficiente, comienza a sentirse normal.

La Biblia nos muestra algo parecido en la vida de la mujer samaritana. Cuando Jesús se acercó a hablar con ella junto al pozo, su reacción inmediata fue defensiva. No entendía por qué alguien como Él se acercaría a alguien como ella. Su historia, sus experiencias y la manera en que había sido mirada por otros ya habían formado una expectativa dentro de ella.

Por eso, aun cuando Jesús se acercó con intención de restauración, ella primero respondió desde la distancia.

Porque las heridas no solo afectan cómo nos vemos; también afectan cómo interpretamos las intenciones de otros.

Y muchas veces hacemos lo mismo con Dios.

Esperamos juicio antes que gracia. Esperamos rechazo antes que cercanía. Esperamos corrección antes que compasión. Porque cuando una voz de rechazo ha permanecido demasiado tiempo dentro de nosotros, comenzamos a asumir que todos responderán igual.

Pero Jesús no trató a la mujer samaritana desde el rechazo que ella esperaba. Él vio más profundo que su historia, más profundo que sus errores y más profundo que las etiquetas que otros habían colocado sobre ella.

Y eso es lo que Dios constantemente hace con nosotros. Él no responde desde nuestras heridas; responde desde nuestro diseño.

Muchas veces anticipamos rechazo porque hemos aprendido a sobrevivir preparándonos emocionalmente para lo peor. Pensamos:

"Seguro que no me quieren ahí."

"Seguro que piensan mal de mí."

"Seguro que voy a fallar."

"Seguro que terminarán alejándose."

Y sin darnos cuenta, comenzamos a relacionarnos desde la protección en lugar de la verdad.

El problema es que cuando vivimos anticipando rechazo, muchas veces terminamos rechazando primero. Nos cerramos, nos aislamos o levantamos barreras que luego confundimos con fortaleza.

Pero protegernos constantemente también puede impedirnos recibir.

Por eso Dios comienza a confrontar no solamente lo que pensamos sobre nosotros, sino también la manera en que interpretamos Su corazón. Porque hay personas que conocen versículos sobre el amor de Dios, pero todavía viven esperando ser rechazadas por Él.

Y mientras esa expectativa siga activa, será difícil descansar realmente en Su gracia.

La transformación comienza cuando dejamos de interpretar cada situación desde nuestras heridas y comenzamos a permitir que la verdad de Dios renueve nuestra percepción.

Eso no ocurre de un día para otro.

Porque una expectativa interna no desaparece simplemente porque alguien nos diga que no es verdad. Necesita ser reemplazada poco a poco por nuevas experiencias, nuevas respuestas y nuevas evidencias de la fidelidad de Dios.

Y ahí es donde Dios empieza a hacer algo hermoso.

Comienza a mostrarnos que no todos se acercan para herirnos. Que no toda corrección significa rechazo. Que no toda distancia significa abandono. Y que Su amor no depende de nuestra perfección.

Poco a poco, comenzamos a bajar defensas que llevábamos años sosteniendo.

No porque nos sintamos completamente seguros en nosotros mismos, sino porque comenzamos a confiar más en el corazón de Dios.

Y cuando eso ocurre, dejamos de vivir reaccionando desde la anticipación y comenzamos a responder desde la confianza.

Porque una mente marcada por el rechazo espera ser herida.

Pero una mente renovada aprende a reconocer cuándo Dios está acercándose... incluso en los lugares donde antes solo esperábamos dolor.

La mesa de reflexión

Verdad que permanece
No toda cercanía termina en rechazo.

Oración
Señor, ayúdanos a reconocer las áreas donde hemos aprendido a anticipar rechazo antes de tiempo. Sana las experiencias que han distorsionado nuestra manera de vernos, de relacionarnos y de interpretarte a Ti. Enséñanos a responder desde la confianza y no desde el miedo. Amén.

Frase sazonada
Las heridas no solo afectan cómo nos vemos; también afectan cómo interpretamos el amor.

Actividad individual

1. ¿En qué situaciones tiendes a anticipar rechazo con más facilidad?
2. ¿Qué experiencias crees que formaron esa expectativa dentro de ti?
3. ¿Cómo ha afectado eso tu manera de relacionarte con Dios o con otras personas?
4. Ora:
   "Gran Chef, ayúdame a dejar de interpretar mi vida desde heridas antiguas y enséñame a reconocer Tu corazón correctamente."
5. Esta semana, identifica una situación donde normalmente reaccionarías desde defensa y practica responder desde calma y discernimiento.

Capítulo 6

Aprender a detenernos

Muchas veces creemos que nuestros pensamientos aparecen y desaparecen demasiado rápido como para poder hacer algo con ellos. Reaccionamos casi automáticamente, respondemos desde impulso y asumimos que así somos. Pero la realidad es que muchas de las recetas internas que hoy dirigen nuestra vida continúan funcionando porque nunca aprendimos a detenernos a observarlas.

Vivimos reaccionando tan rápido que no discernimos lo que está ocurriendo dentro de nosotros.

Pensamos algo y lo creemos. Sentimos algo y lo asumimos como verdad. Reaccionamos de cierta manera y concluimos que esa es nuestra personalidad.

Pero no todo pensamiento merece ser aceptado simplemente porque apareció.

Y no toda reacción refleja nuestro verdadero diseño.

Muchas veces, entre lo que ocurre y cómo respondemos, existe un espacio pequeño que casi nunca utilizamos: la pausa.

La pausa parece simple, pero tiene poder. Porque cuando aprendemos a detenernos antes de reaccionar, comenzamos a ver cosas que antes pasaban desapercibidas. Empezamos a notar los patrones, los pensamientos automáticos, las emociones repetidas y las voces internas que llevaban años dirigiéndonos sin ser cuestionadas.

La transformación no siempre comienza cambiando grandes cosas. Muchas veces comienza aprendiendo a detenernos unos segundos y preguntarnos:

"¿Qué está pasando dentro de mí ahora mismo?"

"¿Desde dónde estoy reaccionando?"

"¿Esto viene de Dios o de una receta vieja?"

La Biblia nos muestra algo poderoso cuando Pedro caminó sobre el agua. Mientras sus ojos permanecieron en Jesús, hizo algo que parecía imposible. Pero en el momento en que comenzó a enfocarse en el viento y en las olas, algo cambió dentro de él. El problema no comenzó en el agua; comenzó en el enfoque.

Y muchas veces eso mismo ocurre con nosotros.

Hay pensamientos que ganan fuerza porque les damos toda nuestra atención. Nos enfocamos tanto en el miedo, en la inseguridad, en la comparación o en el rechazo, que terminamos reaccionando desde ellos sin detenernos a discernir qué está alimentando realmente nuestra mente.

Pero Pedro nos muestra algo importante: un momento de distracción no canceló el llamado que Jesús le hizo.

Y eso también es verdad para nosotros.

Habrá momentos donde volveremos a reaccionar desde los pensamientos viejos. Habrá días donde sentiremos que nos estamos hundiendo otra vez en patrones que creíamos superados. Pero eso no significa que Dios nos abandonó ni que el proceso dejó de funcionar.

Significa que todavía estamos aprendiendo.

Dios no espera perfección instantánea; Él trabaja en los procesos de transformación. Y parte de ese proceso consiste en enseñarnos a reconocer lo que está ocurriendo dentro de nosotros antes de responder automáticamente.

Por eso aprender a detenernos es tan importante.

Porque cuando hacemos una pausa, comenzamos a recuperar la conciencia. Y cuando recuperamos la conciencia, podemos discernir mejor qué pensamientos están alineados con la verdad y cuáles simplemente son ecos de las voces antiguas.

Muchas veces queremos cambiar nuestras reacciones sin cambiar el enfoque que las alimenta. Queremos paz mientras seguimos mirando aquello que constantemente nos roba claridad. Queremos seguridad mientras seguimos alimentando pensamientos que nos disminuyen.

Pero Dios constantemente nos invita a volver la mirada hacia Él.

No porque ignore nuestras emociones, sino porque sabe que aquello en lo que más nos enfocamos termina moldeando nuestra percepción.

Aprender a detenernos también implica aprender a reenfocarnos.

A veces el cambio comienza con algo tan sencillo como reconocer:

"Ese pensamiento no viene de Dios."

"No necesito reaccionar inmediatamente."

"No tengo que seguir creyendo esta receta."

Y aunque parezca pequeño, esos momentos comienzan a interrumpir patrones que llevan años funcionando dentro de nosotros.

La pausa no elimina automáticamente todas las voces incorrectas, pero sí nos da la oportunidad de dejar de obedecerlas sin cuestionar.

Y poco a poco, mientras aprendemos a detenernos, a discernir y reenfocarnos, nuestra mente comienza a responder diferente.

No porque todo sea perfecto, sino porque ya no vivimos reaccionando desde lo automático, sino desde la conciencia y la verdad.

Porque una pausa puede interrumpir una receta que lleva años cocinándose.

<u>La mesa de reflexión</u>

Verdad que permanece
No todo pensamiento merece dirigir mi reacción.

Oración
Señor, enséñanos a detenernos antes de reaccionar automáticamente. Ayúdanos a discernir qué pensamientos vienen de Ti y cuáles nacen de heridas, miedo o costumbre. Danos sabiduría para reenfocar nuestra mente en Tu verdad y no en las voces que nos desenfocan. Amén.

Frase sazonada
Una pausa puede interrumpir una receta que lleva años cocinándose.

Actividad individual

1. ¿Qué pensamiento automático aparece con más frecuencia cuando estás bajo presión?
2. ¿Cómo suele afectar tus reacciones o decisiones?
3. ¿Qué crees que alimenta más ese pensamiento: miedo, comparación, rechazo o inseguridad?
4. Ora:
   "Gran Chef, enséñame a detenerme antes de reaccionar y ayúdame a reenfocar mi mente en Tu verdad."
5. Esta semana, cada vez que notes una reacción automática, practica hacer una pausa y pregúntate:
   "¿Estoy respondiendo desde mi diseño o desde una receta vieja?"

Capítulo 7

La verdad que reemplaza la voz

Reconocer una voz incorrecta es importante, pero no es suficiente. Porque una vez identificamos pensamientos, patrones o creencias que no vienen de Dios, todavía queda una pregunta importante:

¿Con qué los vamos a reemplazar?

La mente no permanece vacía por mucho tiempo. Siempre terminará alimentándose de algo. Y si una voz incorrecta sale, pero ninguna verdad ocupa su lugar, tarde o temprano la vieja receta volverá a tomar espacio dentro de nosotros.

Por eso la transformación no significa solamente dejar de pensar ciertas cosas. También significa aprender a sostener las nuevas verdades, aun cuando nuestras emociones todavía estén tratando de convencernos de lo contrario.

Y ahí comienza una de las tensiones más profundas del proceso.

Porque muchas veces Dios habla desde el diseño mientras nosotros seguimos respondiendo desde la experiencia.

La Biblia nos muestra esto claramente en la vida de Gedeón. Cuando el ángel del Señor se le apareció, lo llamó "varón esforzado y valiente". Pero Gedeón no respondió desde identidad; respondió desde percepción.

Comenzó a hablar de su pequeñez, de su familia, de sus limitaciones y de todo lo que él creía que lo descalificaba. Mientras Dios hablaba desde el propósito, Gedeón seguía viendo su vida desde la insuficiencia.

Y muchas veces nosotros hacemos exactamente lo mismo.

Dios dice: "*Tienes propósito.*"

Y nosotros respondemos: "*No soy capaz.*"

Dios dice: "*No estás solo.*"

Y nosotros respondemos: "*Nadie me ama.*"

Dios dice: "*Te he llamado.*"

Y nosotros respondemos: "*No tengo lo que hace falta.*"

No porque queramos alejarnos de Él, sino porque muchas veces las voces antiguas llevan demasiado tiempo cocinándose dentro de nosotros.

Y aquí hay algo importante: Dios no ignoró lo que Gedeón sentía, pero tampoco permitió que ese sentimiento definiera la verdad.

Porque lo que sentimos puede parecer absolutamente real y aun así no representar toda la verdad.

Muchas veces nuestras emociones hablan desde el miedo, el agotamiento, las heridas o experiencias pasadas. Y aunque el sentimiento sea real, la conclusión que construimos desde él no siempre está alineada con lo que Dios dice.

Por eso necesitamos aprender a detenernos y a discernir.

No para negar lo que sentimos, sino para evitar que el sentimiento tenga la última palabra sobre nuestra identidad.

Habrá momentos donde sentiremos el rechazo, la insuficiencia, temor o soledad. Pero si no aprendemos a someter esos pensamientos a la verdad de Dios, terminaremos viviendo dirigidos por emociones temporales en lugar de por una verdad eterna.

Y eso fue algo que muchos de nosotros tuvimos que aprender especialmente en temporadas difíciles. Hay pensamientos que comienzan intentando protegernos, pero si nunca los cuestionamos, terminan encerrándonos.

El miedo puede parecer sabiduría. La ansiedad puede parecer protección. El aislamiento puede parecer seguridad.

Pero cuando una voz comienza a robarnos paz, libertad, claridad o propósito, necesitamos detenernos y preguntarnos:

"¿Esto realmente refleja la verdad de Dios o solamente refleja el temor que he sostenido por demasiado tiempo?"

Porque no toda voz que parece protegernos está guiándonos correctamente.

Y ahí es donde la verdad de Dios comienza a reemplazar lentamente las recetas viejas.

No siempre ocurre de golpe. Muchas veces sucede pensamiento por pensamiento, decisión por decisión y reacción por reacción. Comenzamos a reconocer una mentira y conscientemente la enfrentamos con una verdad mayor.

"No soy suficiente."

→ Dios capacita a los que llama.

"Nadie me ama."

→ Con amor eterno me ha amado.

"Siempre voy a fallar."

→ Dios sigue trabajando en mí.

"No puedo cambiar."

→ La renovación también es parte del proceso.

Poco a poco, algo empieza a transformarse dentro de nosotros.

No porque de repente nunca volvamos a sentir miedo o inseguridad, sino porque comenzamos a reconocer que nuestros pensamientos ya no tienen la autoridad absoluta que antes tenían.

Ahora tenemos discernimiento.

Ahora disfrutamos de la pausa.

Ahora vivimos desde la verdad.

Y mientras más alimentamos la verdad de Dios, más débiles comienzan a volverse las voces que antes parecían incuestionables.

Porque la mente siempre cocinará con la voz que más alimentemos.

Y la transformación comienza cuando dejamos de alimentar solamente lo que sentimos... y comenzamos a sostener lo que Dios ya dijo.

La mesa de reflexión

Verdad que permanece
Lo que siento puede ser real, pero no siempre representa toda la verdad.

Oración
Señor, ayúdanos a reconocer las voces que todavía siguen hablando más fuerte que Tu verdad dentro de nosotros. Enséñanos a discernir nuestros pensamientos y a reemplazar las mentiras que hemos sostenido por años con lo que Tú ya has dicho sobre nuestra identidad. Danos constancia para alimentar Tu verdad aun en los días donde nuestras emociones quieran convencernos de otra cosa. Amén.

Frase sazonada
La mente siempre cocinará con la voz que más alimentemos.

Actividad individual

1. ¿Qué pensamiento negativo o limitante aparece con más frecuencia en tu mente?
2. ¿Qué verdad de Dios puede confrontar directamente esa voz?
3. ¿En qué momentos notas que tus emociones intentan dirigir completamente tu percepción?
4. Ora:

   "Gran Chef, enséñame a alimentar más Tu verdad que mis temores."
5. Esta semana, cada vez que aparezca un pensamiento limitante, escribe una verdad bíblica que pueda reemplazarlo conscientemente.

Capítulo 8

Lo que la boca revela

Las palabras parecen pequeñas hasta que comenzamos a prestar atención a todo lo que revelan. Muchas veces hablamos sin detenernos a pensar de dónde realmente vienen ciertas expresiones, ciertas reacciones o ciertas maneras de describirnos a nosotros mismos. Pero tarde o temprano, la boca termina mostrando aquello que lleva tiempo cocinándose dentro del corazón.

Jesús dijo que de la abundancia del corazón habla la boca. Y aunque muchas veces pensamos que nuestras palabras son solamente costumbre o personalidad, la realidad es que frecuentemente revelan pensamientos, temores y creencias que hemos sostenido por demasiado tiempo.

Por eso hay personas que constantemente dicen:

"Yo nunca puedo."

"A mí siempre me sale mal."

"Seguro voy a fallar."

"Eso no es para gente como yo."

Y aunque parezcan frases simples, muchas veces están revelando una receta interna marcada por la inseguridad, el temor o la resignación.

Las palabras no crean identidad desde cero, pero sí fortalecen la manera en que nos percibimos. Porque aquello que repetimos constantemente comienza a normalizarse dentro de nosotros. Y cuando una persona lleva años hablando desde derrota, eventualmente comienza a vivir desde esa misma expectativa.

La Biblia nos muestra algo poderoso en la historia de los espías enviados a observar la tierra prometida. Todos vieron exactamente lo mismo: la tierra, los gigantes, las ciudades y los desafíos. Pero aunque la experiencia fue igual para todos, la interpretación fue completamente diferente.

Mientras Josué y Caleb hablaban desde la promesa de Dios, los otros espías comenzaron a hablar desde el temor. Sus palabras revelaron la receta interna desde la que estaban procesando la situación. Dijeron que se sentían como langostas frente a los gigantes y que era imposible conquistar la tierra.

Y ahí vemos algo importante: muchas veces hablamos derrota antes de vivirla.

No porque queramos destruirnos conscientemente, sino porque la boca termina sirviendo aquello que más hemos alimentado por dentro.

Cuando una persona vive alimentando el temor, eventualmente hablará desde el mismo temor. Cuando vive alimentando el rechazo, terminará interpretando y expresándose desde el rechazo. Y cuando una mente ha sido renovada por la verdad de Dios, poco a poco también comenzará a hablar diferente.

Por eso nuestras palabras importan.

No porque tengan poder mágico, sino porque reflejan enfoque, percepción y dirección interna. Revelan qué voces seguimos creyendo, qué pensamientos siguen dominando nuestra mente y desde qué lugar estamos interpretando nuestra vida.

Muchas veces incluso usamos humor para decir cosas que en realidad creemos profundamente:

"Yo soy un desastre."

"A mí nadie me soporta."

"Yo nunca hago nada bien."

Y aunque otros se rían, la repetición sigue fortaleciendo una percepción interna.

Con el tiempo, comenzamos a hablar de nosotros mismos desde heridas que Dios todavía está intentando sanar. Y sin darnos cuenta, nuestras palabras empiezan a reforzar recetas que Él quiere transformar.

Pero Dios no solamente quiere cambiar nuestra manera de pensar; también quiere renovar nuestra manera de hablar.

Porque cuando comenzamos a sostener Su verdad internamente, algo también cambia en nuestras palabras. Dejamos de hablar únicamente desde el miedo, la resignación o derrota y comenzamos a responder desde la esperanza, el propósito y la verdad de Dios.

Eso no significa negar las dificultades ni fingir que todo está bien. Significa que aun en medio del proceso, dejamos de darle autoridad absoluta a las voces que antes dirigían nuestra percepción.

Josué y Caleb no ignoraron los gigantes. Simplemente decidieron que la promesa de Dios tendría más peso que el temor que estaban viendo delante de ellos.

Y ahí está una de las grandes diferencias entre una mente dirigida por miedo y una mente renovada por verdad.

Una habla constantemente desde lo imposible.

La otra aprende a recordar quién fue Dios quien habló primero.

Por eso es importante escucharnos.

Escuchar cómo reaccionamos bajo presión. Escuchar cómo hablamos de nosotros mismos. Escuchar qué frases repetimos automáticamente cuando sentimos miedo, cansancio o inseguridad.

Porque muchas veces la boca revela recetas que el corazón ya normalizó hace tiempo.

Y cuando comenzamos a reconocerlo, Dios también comienza a transformar esa área. Poco a poco aprendemos a detener expresiones que fortalecen derrota y a reemplazarlas con palabras más alineadas con la verdad de Dios.

No porque estemos fingiendo una realidad distinta, sino porque estamos aprendiendo a no seguir alimentando voces que nos mantienen atrapados.

Porque la boca termina sirviendo aquello que más alimentamos por dentro.

La mesa de reflexión

Verdad que permanece
Mis palabras muchas veces revelan las voces que todavía sigo creyendo.

Oración
Señor, ayúdanos a reconocer las maneras en que hablamos desde miedo, derrota o inseguridad sin darnos cuenta. Enséñanos a escuchar nuestras palabras y a permitir que Tu verdad transforme también nuestra manera de expresarnos. Que nuestra boca deje de fortalecer recetas viejas y comience a reflejar cada vez más Tu verdad. Amén.

Frase sazonada
Muchas veces hablamos derrota antes de vivirla.

Actividad individual

1. ¿Qué frase negativa repites con más frecuencia sobre ti mismo?
2. ¿Qué revela esa frase sobre la manera en que te percibes?
3. ¿Crees que tus palabras reflejan más temor o más confianza en Dios?
4. Ora:
   "Gran Chef, enséñame a reconocer las palabras que siguen fortaleciendo recetas que Tú quieres transformar."
5. Durante esta semana, presta atención a cómo hablas de ti mismo y escribe cada frase automática negativa que identifiques. Luego reemplázala con una verdad alineada con Dios.

Capítulo 9

La mesa también nos forma

Muchas veces pensamos en las voces como palabras individuales o pensamientos internos, pero hay algo más que también moldea profundamente nuestra vida: las mesas donde nos sentamos.

Las personas con quienes compartimos tiempo, conversaciones, procesos y cercanía terminan influyendo en la manera en que pensamos, reaccionamos y nos percibimos. Porque las recetas no solamente se forman en silencio; también se cocinan en compañía.

Por eso algunas mesas alimentan paz, crecimiento y propósito, mientras otras fortalecen inseguridad, temor, comparación o versiones heridas de nosotros mismos.

Y muchas veces no lo notamos inmediatamente.

Porque las influencias más profundas no siempre llegan de manera agresiva. A veces llegan en conversaciones constantes, en ambientes normalizados o en relaciones donde lentamente comenzamos a aceptar cosas que antes discerníamos con claridad.

La Biblia dice que el hierro se afila con hierro, y eso nos revela algo importante: las relaciones también forman parte del proceso de transformación. Dios muchas veces usa personas para confrontarnos, impulsarnos, enseñarnos y sacar áreas de nosotros que todavía necesitan crecer.

Pero afilar produce fricción.

Y por eso algunas relaciones incómodas no necesariamente significan destrucción. Algunas personas llegan para confrontar áreas que necesitan madurez. Otras despiertan inseguridades que ni siquiera sabíamos que todavía estaban dentro de nosotros. Y otras nos impulsan a crecer más allá de la versión limitada que habíamos aceptado como normal.

Eso no significa que toda relación sea sana ni que toda cercanía deba permanecer para siempre. Significa que necesitamos aprender a discernir qué está produciendo cada mesa dentro de nosotros.

Jesús mismo nos muestra esta tensión.

Judas se sentó en la mesa con Él. Caminó cerca, escuchó enseñanzas y compartió momentos que otros hubieran considerado un privilegio. Sin embargo, la cercanía no significó alineación.

Y eso nos enseña algo importante: no toda persona sentada cerca de nosotros está alimentando nuestro diseño.

Algunas personas forman parte de procesos específicos. Algunas llegan para acompañar una temporada. Algunas revelan áreas que todavía necesitan ser sanadas o fortalecidas. Y otras, aunque nos amen, no necesariamente tienen las herramientas para alimentar correctamente lo que Dios está formando dentro de nosotros.

Eso no siempre significa que sean malas personas.

A veces simplemente están hablando desde sus propias heridas, limitaciones o percepciones. Y si no aprendemos a discernirlo, podemos terminar sosteniendo voces que alimentan más nuestra inseguridad que nuestro propósito.

También existen mesas donde constantemente se normaliza:

el temor,

la derrota,

la crítica,

la comparación,

el caos emocional

o la falta de dirección.

Y mientras más tiempo pasamos alimentándonos allí, más natural comienza a sentirse vivir desde esas recetas.

Pero también hay mesas diferentes.

Mesas donde alguien nos recuerda quiénes somos cuando nosotros lo olvidamos. Mesas donde somos confrontados con amor. Mesas donde nuestras excusas dejan de ser alimentadas y nuestro crecimiento comienza a ser impulsado. Mesas donde la verdad pesa más que la comodidad.

Y esas mesas también transforman.

Muchas veces queremos cambiar internamente mientras seguimos sentados en ambientes que fortalecen constantemente nuestras versiones heridas. Queremos renovar pensamientos, pero seguimos alimentándonos de conversaciones, contenidos y relaciones que refuerzan exactamente las mismas voces que Dios está intentando reemplazar.

Por eso discernir nuestras mesas es tan importante.

No desde paranoia. No desde orgullo espiritual. Y tampoco desde aislamiento. Porque nadie crece completamente solo.

La transformación también necesita comunidad, dirección y relaciones sanas.

Pero sí necesitamos aprender a preguntarnos:

"¿Qué está alimentando esta mesa dentro de mí?"

"¿Estoy creciendo o simplemente estoy normalizando patrones?"

"¿Esta relación impulsa mi diseño o fortalece mis heridas?"

Y aunque no todas las mesas permanecerán para siempre, todas dejarán algo en la receta.

Algunas dejarán sabiduría.

Otras dejarán lecciones.

Otras dejarán heridas que Dios tendrá que sanar.

Y otras dejarán impulsos que nos acercarán más al propósito.

Por eso debemos aprender a sentarnos con discernimiento.

Porque las personas que mantenemos cerca no solo acompañan nuestro proceso; muchas veces también influyen en cómo ese proceso se desarrolla.

Y cuando comenzamos a reconocerlo, dejamos de sentarnos en cualquier mesa solamente por costumbre, miedo o necesidad de aceptación.

Porque no toda mesa alimenta lo que Dios está formando en nosotros.

La mesa de reflexión

Verdad que permanece
Las mesas donde me siento también influyen en la receta que se está formando dentro de mí.

Oración
Señor, danos discernimiento para reconocer qué relaciones, ambientes y conversaciones están alimentando nuestro diseño y cuáles están fortaleciendo nuestras heridas. Ayúdanos a valorar las mesas que impulsan crecimiento y a no aferrarnos a lugares que constantemente nos alejan de Tu verdad. Enséñanos a caminar con sabiduría en nuestras relaciones. Amén.

Frase sazonada
No toda mesa permanece para siempre, pero toda mesa deja algo en la receta.

Actividad individual

1. ¿Qué personas o ambientes influyen más actualmente en tu manera de pensar y reaccionar?
2. ¿Sientes que esas mesas alimentan más tu propósito o tus heridas?
3. ¿Hay conversaciones o relaciones que han comenzado a normalizar pensamientos que Dios está intentando transformar?
4. Ora:
   "Gran Chef, dame discernimiento para reconocer qué mesas están alimentando correctamente la receta que Tú estás formando en mí."
5. Esta semana, observa cómo te sientes después de ciertas conversaciones o ambientes y escribe qué tipo de "ingredientes" están dejando dentro de ti.

Capítulo 10

Cuando volvemos a la receta vieja

Uno de los momentos más frustrantes del proceso de transformación ocurre cuando, después de haber avanzado, notamos que todavía reaccionamos de maneras que pensábamos haber superado. Volvemos a pensamientos viejos, repetimos respuestas automáticas o sentimos emociones que creíamos ya resueltas.

Y muchas veces, en ese momento, aparece una nueva voz:

"¿Ves? No cambiaste nada."

"Sigues siendo la misma persona."

"Todo este proceso no está funcionando."

Pero el crecimiento real rara vez ocurre en línea recta.

Muchas veces avanzamos, aprendemos, sanamos áreas y aun así encontramos momentos donde viejas recetas intentan volver a tomar espacio dentro de nosotros. No necesariamente porque Dios haya dejado de trabajar, sino porque las recetas que llevamos años practicando no desaparecen automáticamente de un día para otro.

La transformación requiere renovación constante, si la consistencia es vital para la transformación.

La Biblia muestra algo parecido en el pueblo de Israel. Dios los había sacado de Egipto, había abierto el mar, los había sustentado y les estaba mostrando un nuevo camino. Sin embargo, en momentos de presión, miedo o incomodidad, constantemente deseaban volver atrás.

No porque Egipto fuera realmente mejor, sino porque lo conocido muchas veces parece más seguro que el proceso de transformación.

Y eso también ocurre con nosotros.

Hay pensamientos que ya sabemos que no vienen de Dios, pero cuando nos sentimos cansados, heridos o confundidos, las recetas viejas intentan regresar porque fueron las que usamos por años para sobrevivir.

Volvemos a:

pensar desde el temor,

hablar desde la derrota,

anticipar rechazo,

compararnos,

o reaccionar impulsivamente.

Y cuando eso ocurre, muchas personas concluyen que fracasaron.

Pero recaer en una reacción vieja no significa que todo el proceso desapareció.

Significa que todavía estamos vivos y seguimos aprendiendo.

El problema no es tropezar. El problema es creer que un tropiezo cancela el llamado de Dios sobre nuestra transformación.

Porque muchas veces queremos medir crecimiento como si fuera perfección inmediata, cuando en realidad muchas áreas sanan por capas, procesos y práctica constante.

Incluso Pedro vivió algo parecido.

Después de caminar con Jesús, verlo resucitado y escuchar promesas poderosas, hubo un momento donde volvió a pescar. Parecía regresar a lo conocido, a lo que había hecho antes de su llamado. Y aunque ese momento pudo interpretarse como retroceso, Jesús no respondió rechazándolo.

Lo encontró allí, pescando.

Eso es profundamente importante.

Porque cuando volvemos a recetas viejas, Dios no abandona el proceso. Él sigue acercándose. Sigue confrontando con amor. Sigue recordándonos quiénes somos aun en los momentos donde nosotros mismos sentimos frustración.

Muchas veces el enemigo no necesita destruir completamente el proceso; le basta con convencernos de que no hemos cambiado para que dejemos de intentarlo.

Y por eso necesitamos aprender a mirar nuestras recaídas con discernimiento y no solamente con condena.

Porque hay una diferencia entre:

vivir entregados a una receta vieja y tener momentos donde todavía luchamos con ella.

La transformación no ocurre porque nunca volvamos a sentir miedo, inseguridad o pensamientos antiguos. Ocurre cuando, aun después de tropezar, seguimos regresando a la verdad de Dios en lugar de rendirnos completamente a la voz vieja.

Y ahí es donde se desarrolla algo importante: perseverancia.

No la perseverancia perfecta, sino la disposición constante de volver a levantarnos, volver a discernir y volver a reenfocarnos aun cuando nos sentimos frustrados con nosotros mismos.

Porque Dios no trabaja con nosotros desde la desesperación. Él entiende procesos. Entiende nuestras temporadas. Entiende cuánto tiempo ciertas recetas llevan cocinándose dentro de nosotros.

Y aun así, sigue trabajando.

Muchas veces queremos cambios instantáneos porque estamos cansados de luchar con las mismas áreas. Pero Dios muchas veces está formando algo más profundo que una reacción momentánea. Está desarrollando madurez, conciencia, dependencia de Él y una transformación que no se sostenga solamente en emoción, sino en verdad.

Por eso no podemos permitir que un momento de debilidad defina completamente nuestra identidad.

Un pensamiento viejo no cancela todo el crecimiento que ya ocurrió. Una reacción incorrecta no borra cada paso de transformación que Dios ha producido dentro de nosotros.

Y aunque a veces volvamos mentalmente a "Egipto", eso no significa que Egipto sigue siendo nuestro destino.

Porque Dios sigue guiándonos hacia adelante, incluso en los días donde sentimos que todavía estamos luchando con recetas antiguas.

Y mientras sigamos regresando a Su verdad, el proceso sigue vivo.

La mesa de reflexión

Verdad que permanece
Un tropiezo no cancela el proceso de transformación.

Oración
Señor, ayúdanos a no rendirnos en los momentos donde sentimos que volvemos a pensamientos o reacciones antiguas. Danos discernimiento para reconocer que el proceso sigue vivo aun cuando todavía estamos aprendiendo. Recuérdanos que Tú no abandonas la obra que comenzaste en nosotros y enséñanos a seguir regresando a Tu verdad una y otra vez. Amén.

Frase sazonada
Aunque a veces volvamos mentalmente a Egipto, eso no significa que Egipto sigue siendo nuestro destino.

Actividad individual

1. ¿Qué pensamiento, reacción o patrón viejo
    tiende a reaparecer cuando estás cansado o bajo
    presión?
2. ¿Cómo sueles hablarte a ti mismo cuando eso
    ocurre?
3. ¿Crees que estás viendo tu proceso desde
    crecimiento o desde perfección?
4. Ora:
    "Gran Chef, ayúdame a no rendirme cuando
    todavía estoy aprendiendo a caminar diferente."
5. Esta semana, cada vez que notes una reacción
    vieja, en lugar de condenarte, practica detenerte
    y preguntarte:
    "¿Qué verdad necesito recordar ahora mismo?"

Capítulo 11

El fuego de la mente

Hay momentos donde la mente se siente como fuego.

Los pensamientos se aceleran, las emociones se intensifican y todo parece comenzar a consumirse por dentro. Una idea lleva a otra, una preocupación alimenta la siguiente y, sin darnos cuenta, terminamos atrapados en pensamientos que comienzan a robarnos claridad, paz y dirección.

Y muchas veces ese fuego no comienza con algo grande.

Comienza con una pequeña voz.

Una diminuta duda.

Un pensamiento pequeño.

Una interpretación incorrecta.

Una emoción que no fue discernida a tiempo y ahora ha echado raíces. Porque las guerras más profundas muchas veces comienzan silenciosamente dentro de la mente.

Y cuando no aprendemos a discernir lo que estamos alimentando, ciertos pensamientos comienzan a expandirse como fuego dentro de nosotros.

La Biblia nos muestra algo poderoso cuando Jesús fue llevado al desierto. Tenía hambre, estaba físicamente agotado y se encontraba en un momento de vulnerabilidad humana. Y fue precisamente allí donde otra voz comenzó a hablar.

"Si eres Hijo de Dios…"

El enemigo no comenzó atacando su fuerza física. Comenzó intentando sembrar duda, distorsión y cuestionamiento alrededor de su identidad.

Y muchas veces eso mismo ocurre con nosotros.

Las voces que más consumen nuestra mente casi nunca comienzan diciendo:

"Aléjate de Dios."

Comienzan diciendo:

"¿Y si no eres suficiente?"

"¿Y si no cambias?"

"¿Y si Dios no está contigo?"

"¿Y si todo sale mal?"

"¿Y si nunca sanas?"

Poco a poco, esos pensamientos comienzan a encender emociones, interpretaciones y reacciones internas que terminan afectando la manera en que vivimos.

Porque aquello que dejamos arder demasiado tiempo dentro de nosotros eventualmente comienza a consumir nuestra paz.

Y aquí hay algo importante: Jesús no respondió desde impulso emocional, ni desde el hambre. Respondió desde la verdad.

Cada vez que la voz incorrecta intentó sembrar algo en su mente, Él respondió:

"Escrito está."

Eso nos enseña algo profundamente necesario: no toda voz merece acceso libre a nuestra mente.

Pero muchas veces nosotros hacemos exactamente lo contrario. Dejamos pensamientos encendidos dentro de nosotros sin detenernos a discernir si realmente están alineados con la verdad de Dios. Alimentamos escenarios, temores y conclusiones antes de analizarlos correctamente.

Y mientras más tiempo un pensamiento permanece sin ser confrontado, más poder parece adquirir dentro de nosotros.

Por eso hay personas que viven constantemente incendiadas por:

ansiedad,

comparación,

culpa,

rechazo,

miedo

o pensamientos catastróficos.

No necesariamente porque quieran vivir así, sino porque ciertos fuegos llevan demasiado tiempo siendo alimentados sin discernimiento.

Y cuando una mente permanece mucho tiempo consumida, todo comienza a interpretarse desde ese fuego.

Las conversaciones se sienten como amenazas. El silencio parece rechazo. Los errores parecen fracaso absoluto. La incertidumbre parece destrucción inevitable.

Porque una mente incendiada pierde claridad.

Pero no todo fuego viene para destruir.

También existe el fuego que purifica, transforma y refina. Existe el fuego de Dios que no consume identidad, sino que consume aquello que está impidiendo que vivamos desde ella.

Y ahí está la diferencia.

Un fuego destruye la paz, la esperanza y la claridad. El otro transforma los pensamientos, las percepciones y la dirección.

Por eso necesitamos discernimiento.

Necesitamos aprender a preguntarnos:

"¿Qué está encendiendo este pensamiento dentro de mí?"

"¿Este fuego me está acercando a la verdad o me está consumiendo desde temor?"

"¿Estoy reaccionando desde el discernimiento o desde los pensamientos incendiados?"

Porque no todo lo que sentimos intensamente merece ser alimentado automáticamente.

Y eso es difícil de aceptar a veces, porque hay emociones y pensamientos que se sienten absolutamente reales. La ansiedad puede sentirse real. El miedo puede sentirse real. La preocupación puede sentirse real. Pero eso no significa que toda conclusión nacida desde ese fuego represente completamente la verdad.

Por eso Dios constantemente nos invita a volver a Su verdad antes de reaccionar impulsivamente desde lo que sentimos.

No para invalidar nuestras emociones, sino para impedir que el fuego incorrecto termine dirigiendo nuestra vida.

Muchas veces la transformación comienza cuando dejamos de alimentar pensamientos que solo producen más incendio dentro de nosotros y comenzamos a sostener la verdad aun en medio de emociones intensas.

Eso no siempre apaga el fuego inmediatamente.

Pero sí evita que siga consumiéndonos sin dirección.

Y poco a poco, mientras aprendemos a discernir qué pensamientos alimentar y cuáles confrontar, nuestra mente comienza a recuperar claridad.

Porque una mente guiada únicamente por emociones puede incendiarse rápidamente.

Pero una mente sostenida por verdad aprende a permanecer firme aun en medio del fuego.

La mesa de reflexión

Verdad que permanece

No todo pensamiento que enciende emociones merece dirigir mi vida.

Oración

Señor, ayúdanos a discernir los pensamientos que están consumiendo nuestra paz y alejándonos de Tu verdad. Enséñanos a no alimentar fuegos que nacen desde temor, ansiedad o inseguridad. Danos claridad para responder como Jesús: sosteniéndonos en lo que Tú ya has dicho. Amén.

Frase sazonada

Una mente sin discernimiento puede incendiarse con pensamientos que nunca debieron quedarse.

Actividad individual

1. ¿Qué tipo de pensamientos suelen "encender" más rápidamente tus emociones?
2. ¿Cómo reaccionas normalmente cuando tu mente comienza a acelerarse?
3. ¿Crees que estás alimentando ciertos fuegos internos sin cuestionarlos?
4. Ora:

    "Gran Chef, enséñame a discernir qué pensamientos debo confrontar antes de dejar que consuman mi paz."
5. Esta semana, cada vez que sientas que tu mente comienza a acelerarse, detente y pregúntate: "¿Estoy respondiendo desde verdad o desde un fuego emocional?"

Capítulo 12

A fuego bajo

Vivimos en una generación acostumbrada a la rapidez. Todo parece exigir resultados inmediatos, respuestas rápidas y productividad constante. Y aunque el cuerpo a veces logra seguir ese ritmo por un tiempo, la mente y el alma eventualmente comienzan a resentirlo.

Porque hay personas que aprendieron a sobrevivir aceleradas.

Siempre resolviendo.

Siempre produciendo.

Siempre pensando en lo próximo.

Siempre alerta.

Siempre cargando algo por dentro.

Y llega un momento donde ni siquiera saben cómo descansar realmente.

No hablamos solamente de dormir o tomar vacaciones. Hay personas que descansan el cuerpo, pero nunca la mente. Personas que se sientan un momento y aun así continúan internamente aceleradas, preocupadas o sintiendo culpa por detenerse.

Porque algunas recetas nos enseñaron a sobrevivir... pero nunca a descansar.

Muchas veces vivimos así sin cuestionarlo. Creemos que estar agotados constantemente es normal. Pensamos que si dejamos de movernos, resolver o producir, todo comenzará a salirse de control. Y poco a poco terminamos viviendo con el fuego demasiado alto dentro de nosotros.

Pero no todo se cocina bien a fuego alto.

Hay procesos que necesitan tiempo. Hay áreas que no pueden transformarse desde la presión constante. Y hay partes de nosotros que Dios no quiere apresurar, sino que quiere procesar profundamente.

La Biblia nos muestra algo poderoso en la historia de Marta y María. Marta estaba ocupada sirviendo, resolviendo y atendiendo todo lo necesario. No estaba haciendo algo malo. De hecho, estaba ocupándose de cosas importantes.

Pero mientras trabajaba externamente, internamente estaba turbada.

Jesús no corrigió su servicio; corrigió el estado desde donde estaba funcionando.

Porque podemos estar haciendo cosas correctas mientras nuestra mente y nuestro corazón siguen viviendo en agotamiento constante.

María, en cambio, se sentó a escuchar. Permaneció. Hizo pausa. Y eso revela algo importante: no toda transformación ocurre moviéndonos más rápido. Algunas cosas solo pueden desarrollarse cuando aprendemos a permanecer.

Y eso es difícil para muchos de nosotros.

Porque descansar requiere confianza en Dios.

Requiere creer que Dios sigue siendo Dios aun cuando nosotros dejamos de controlar todo por un momento. Requiere aceptar que no todo depende de nuestra capacidad de resolver, producir o de sostener constantemente.

Y para personas que han vivido mucho tiempo en modo supervivencia, bajar la intensidad puede sentirse incómodo al principio.

Porque el silencio comienza a revelar pensamientos que antes estaban escondidos bajo la actividad constante. El cansancio emocional sale a la superficie. La mente se da cuenta de cuánto tiempo ha vivido acelerada.

Pero ahí también comienza algo importante.

Porque cuando dejamos de vivir constantemente a fuego alto, comenzamos a escuchar con más claridad. Discernimos mejor. Pensamos diferente. Dejamos de reaccionar desde el impulso y comenzamos a responder desde la conciencia.

Y poco a poco, nuestra mente empieza a entender que no todo necesita resolverse inmediatamente.

Hay procesos que Dios cocina lentamente.

Hay respuestas que maduran con tiempo.

Hay áreas donde el cambio profundo ocurre "*a fuego bajo*".

No desde presión extrema, sino desde constancia, verdad y presencia de Dios.

Muchas veces queremos transformación instantánea porque estamos cansados de luchar con ciertas áreas. Pero algunas recetas llevan años formándose dentro de nosotros. Y aunque Dios puede hacer milagros inmediatos, también existen procesos donde Él trabaja poco a poco, capa por capa, pensamiento por pensamiento.

Y eso no significa que esté ausente.

Significa que está cocinando profundamente.

El problema es que muchas veces confundimos calma con estancamiento. Pensamos que si no vemos cambios rápidos, entonces nada está ocurriendo. ¿Qué desesperados somos, verdad? Pero en la cocina, algunos de los procesos más importantes suceden lentamente y casi en silencio.

Y lo mismo ocurre con nosotros.

Mientras aprendemos a bajar la intensidad, a respirar, a permanecer y a confiar más en Dios que en nuestro control, algo comienza a transformarse dentro de nosotros.

La paz empieza a ocupar espacios donde antes solo había tensión y ansiedad.

La mente comienza a desacelerarse.

Y poco a poco dejamos de vivir consumidos por urgencia constante.

Porque no todo se sana bajo presión.

Algunas cosas solo pueden transformarse a fuego bajo en la Cocina del Cielo.

La mesa de reflexión

Verdad que permanece

No todo se transforma desde rapidez; algunas áreas necesitan tiempo y calma para sanar correctamente.

Oración

Señor, enséñanos a bajar la intensidad cuando hemos vivido demasiado tiempo acelerados por dentro. Ayúdanos a confiar en que Tú sigues trabajando aun en los procesos lentos y silenciosos. Danos paz para permanecer, descansar y permitir que Tú transformes profundamente lo que no puede cambiarse desde presión constante. Amén.

Frase sazonada

Algunas cosas solo pueden transformarse a fuego bajo.

Actividad individual

1. ¿En qué áreas de tu vida sientes que siempre estás funcionando "a fuego alto"?
2. ¿Te cuesta descansar sin sentir culpa o preocupación?
3. ¿Qué crees que estás intentando controlar constantemente?
4. Ora:
    "Gran Chef, enséñame a confiar en Tus procesos aun cuando no todo cambie tan rápido como quisiera."
5. Esta semana, separa un momento intencional para detenerte sin producir ni resolver nada, y observa qué pensamientos o emociones aparecen cuando bajas el ritmo.

Capítulo 13

El nuevo sabor de la receta

La transformación muchas veces ocurre tan lentamente que no la notamos de inmediato. Seguimos viendo luchas, procesos y áreas donde todavía estamos creciendo, y por eso a veces pensamos que nada ha cambiado realmente. Pero llega un momento donde comenzamos a reaccionar diferente en situaciones que antes nos dominaban, y entonces entendemos algo importante: Dios sí ha estado trabajando.

No siempre de manera escandalosa.

No siempre rápida.

No siempre perfecta.

Pero sí profundamente.

Hay momentos donde notamos que aquello que antes nos consumía ya no tiene el mismo poder sobre nosotros. Situaciones que antes nos destruían emocionalmente ahora las enfrentamos con más calma. Pensamientos que antes dirigían completamente nuestras decisiones ahora son cuestionados antes de ser obedecidos.

Y aunque todavía seguimos en proceso, algo ya sabe diferente dentro de nosotros.

Porque la transformación real no siempre cambia quiénes somos; muchas veces cambia desde dónde vivimos.

La Biblia nos muestra esto claramente en la vida de Pedro. Seguía siendo impulsivo, apasionado y emocional. Dios no borró completamente su esencia ni convirtió su personalidad en algo distinto. Pero después del proceso, Pedro ya no estaba gobernado por las mismas recetas que antes dirigían sus reacciones.

El mismo hombre que reaccionó impulsivamente, negó a Jesús por miedo y actuó desde inseguridad, luego se levantó con firmeza y claridad para hablar con convicción delante de personas que antes lo hubieran intimidado.

No dejó de ser Pedro.

Pero algo dentro de él había madurado.

Y eso es importante entenderlo, porque muchas veces pensamos que transformación significa convertirnos en personas completamente diferentes, cuando en realidad Dios muchas veces está trabajando para sanar, ordenar y renovar aquello que ya puso dentro de nosotros desde el principio.

Dios no está intentando destruir nuestra esencia; está transformando la receta que la gobierna.

Por eso el proceso no siempre elimina emociones, personalidad o sensibilidad. Lo que cambia es la manera en que esas áreas responden. Lo que antes reaccionaba desde miedo ahora comienza a responder desde verdad. Lo que antes vivía acelerado comienza a discernir mejor. Lo que antes se destruía fácilmente comienza a sostenerse diferente.

Y ahí es donde comenzamos a notar el nuevo sabor de la receta.

No porque todo sea perfecto, sino porque ya no vivimos completamente dirigidos por las mismas voces.

Hay personas que pasan años pensando que nunca cambiarán porque todavía luchan con ciertas áreas. Pero crecimiento no significa ausencia total de lucha. Muchas veces significa que ahora reaccionamos con más conciencia, más discernimiento y más dependencia de Dios que antes.

Antes reaccionábamos inmediatamente.

Ahora hacemos pausa.

Antes creíamos automáticamente cada pensamiento.

Ahora discernimos.

Antes hablábamos desde derrota.

Ahora comenzamos a responder desde verdad.

Antes vivíamos consumidos por el fuego mental.

Ahora aprendemos a bajar la intensidad.

Y aunque parezcan cambios pequeños, son señales de que algo sí está siendo transformado dentro de nosotros.

Muchas veces queremos cambios tan radicales y visibles que ignoramos los procesos silenciosos que Dios ya está produciendo. No celebramos que ahora tenemos más paz. No notamos que ya no reaccionamos igual. No reconocemos que ciertas heridas ya no gobiernan nuestras decisiones como antes.

Pero el fruto también se revela en pequeñas diferencias.

En una respuesta más calmada.

En una conversación manejada diferente.

En una noche donde la ansiedad ya no controla completamente la mente.

En la capacidad de descansar sin tanta culpa.

En la decisión de creerle a Dios aun cuando todavía estamos creciendo.

Y ahí entendemos algo hermoso: el proceso sí estaba funcionando.

Porque Dios no trabaja solamente para que "parezcamos" transformados delante de otros. Él trabaja profundamente hasta que algo dentro de nosotros realmente comienza a saber diferente.

Y aunque todavía seguimos creciendo, ya no somos exactamente los mismos.

La receta está cambiando.

Poco a poco.

A fuego bajo.

Con verdad.

Con procesos.

Con gracia.

Y un día miramos atrás y entendemos que aquello que antes nos dominaba... ya no tiene el mismo sabor.

La mesa de reflexión

Verdad que permanece

La transformación verdadera muchas veces se revela en pequeñas diferencias sostenidas con el tiempo.

Oración

Señor, ayúdanos a reconocer las áreas donde ya has estado trabajando aunque todavía sigamos creciendo. Enséñanos a valorar los cambios pequeños, las nuevas respuestas y la madurez que Tú estás formando dentro de nosotros. Gracias porque no nos dejas iguales y porque Tu proceso sigue activo aun cuando no siempre lo notamos inmediatamente. Amén.

Frase sazonada

Dios no está intentando destruir nuestra esencia; está transformando la receta que la gobierna.

Actividad individual

1. ¿Qué situación antes te dominaba
    emocionalmente y ahora manejas diferente?
2. ¿Qué cambios pequeños has notado en tu
    manera de pensar, reaccionar o hablar?
3. ¿Te cuesta reconocer el crecimiento porque
    todavía sigues luchando con algunas áreas?
4. Ora:
    "Gran Chef, ayúdame a reconocer el fruto de los
    procesos que Tú ya has comenzado en mí."
5. Escribe tres maneras en las que notas que tu
    "receta interna" ya no sabe igual que hace
    algunos años.

Capítulo 14

La receta que todavía se está cocinando

Uno de los errores más comunes en el proceso de transformación es pensar que crecer significa dejar de luchar completamente. Muchas personas comienzan a cambiar, maduran, sanan áreas profundas y desarrollan nuevas maneras de pensar, pero aun así siguen sintiendo frustración porque todavía no son la versión "terminada" de sí mismas.

Y ahí aparece otra voz peligrosa:

"Ya deberías estar mejor."

"Si todavía luchas con eso, entonces no has cambiado realmente."

"Después de todo lo que has aprendido, no deberías reaccionar así."

Poco a poco, la transformación deja de sentirse como proceso y comienza a sentirse como presión.

Pero Dios nunca ha trabajado con nosotros como productos terminados.

Él trabaja con procesos vivos.

La Biblia nos muestra esto claramente en la vida de Jacob. Tuvo encuentros profundos con Dios. Fue confrontado, marcado y hasta recibió un nuevo nombre. Sin embargo, aun después de esos momentos importantes, Jacob continuó atravesando procesos, luchas internas y áreas donde todavía necesitaba crecimiento.

Eso nos revela algo importante: un encuentro con Dios no elimina automáticamente toda nuestra humanidad.

La transformación es real, pero también es progresiva.

Y muchas veces olvidamos eso.

Queremos llegar rápidamente a una versión completamente madura, estable y segura de nosotros mismos, pero cuando todavía aparecen luchas, emociones intensas o momentos de debilidad, comenzamos a condenarnos como si todo el crecimiento anterior hubiera desaparecido.

Pero seguir luchando no significa que Dios dejó de trabajar.

Significa que todavía estamos siendo formados.

Hay personas que han cambiado muchísimo, pero no logran reconocerlo porque siguen enfocadas solamente en las áreas donde todavía no han llegado. Y mientras hacen eso, ignoran toda la obra que Dios ya ha producido dentro de ellas.

Antes reaccionaban desde impulsividad constante.

Ahora hacen pausa.

Antes vivían dominados por pensamientos destructivos.

Ahora los cuestionan.

Antes se destruían por completo ante el rechazo.

Ahora logran sostenerse mejor.

Antes no podían descansar.

Ahora comienzan a aprenderlo.

Eso también es transformación.

El problema es que muchas veces queremos medir crecimiento usando perfección como referencia. Y cuando hacemos eso, nunca sentimos paz con nuestro proceso porque siempre encontraremos algo que todavía necesita ser trabajado.

Pero la gracia de Dios no existe porque ya llegamos. Existe precisamente porque todavía estamos siendo transformados.

Y eso cambia completamente la manera en que vivimos el proceso.

Porque entonces dejamos de acercarnos a Dios solamente desde culpa y comenzamos a acercarnos también desde confianza. Entendemos que Él no se sorprende por nuestras luchas, nuestros momentos débiles o nuestras áreas inmaduras. Él ya sabía exactamente qué receta estaba comenzando a trabajar desde el principio.

Y aun así decidió quedarse.

Eso es profundamente importante.

Porque muchas personas viven pensando que Dios solo está satisfecho cuando funcionan correctamente. Pero el corazón del Evangelio muestra algo distinto: Dios camina con nosotros incluso mientras seguimos siendo transformados.

No excusa el pecado.

No celebra la destrucción.

Pero tampoco abandona el proceso.

Y eso nos trae descanso.

No el descanso de rendirnos y dejar de crecer, sino el descanso de entender que nuestra identidad no depende de ser perfectos mañana.

Muchas veces el perfeccionismo espiritual produce más agotamiento que transformación. Nos hace vivir evaluándonos constantemente, sintiendo culpa por cada lucha y creyendo que nunca somos suficientes espiritualmente.

Pero Dios no nos llamó a vivir esclavizados por autoexigencia constante.

Nos llamó a caminar con Él mientras seguimos creciendo.

Y sí, habrá áreas donde todavía necesitaremos madurez. Habrá temporadas donde volveremos a sentirnos frustrados con nosotros mismos. Habrá días donde pensaremos:

"¿Por qué todavía lucho con esto?"

Pero incluso ahí, el proceso sigue vivo.

Porque una receta que todavía se está cocinando no significa una receta arruinada.

Significa que Dios todavía no ha terminado de trabajar.

Y mientras Él siga obrando dentro de nosotros, todavía hay esperanza, crecimiento y transformación ocurriendo... incluso en las áreas donde todavía seguimos aprendiendo.

La mesa de reflexión

Verdad que permanece
Seguir en proceso no significa que Dios haya dejado de trabajar en mí.

Oración
Señor, ayúdanos a no medir nuestro crecimiento solamente desde perfección o resultados inmediatos. Enséñanos a reconocer la obra que ya estás haciendo dentro de nosotros aun mientras seguimos creciendo. Danos gracia para caminar contigo sin vivir condenados por cada área donde todavía estamos aprendiendo. Amén.

Frase sazonada
Una receta que todavía se está cocinando no significa una receta arruinada.

Actividad individual

1. ¿En qué área de tu vida tiendes a sentir más frustración contigo mismo por no haber "llegado" todavía?
2. ¿Qué cambios reales puedes reconocer que Dios ya ha producido en ti?
3. ¿Crees que estás viendo tu proceso desde gracia o desde perfeccionismo?
4. Ora:
   "Gran Chef, ayúdame a caminar en transformación sin vivir condenado por todavía estar en proceso."
5. Escribe tres maneras en las que notas que Dios ya ha estado trabajando en ti, aunque todavía sigas creciendo en otras áreas.

Capítulo 15

La receta que dejamos de odiar

Hay una diferencia profunda entre querer crecer y vivir rechazándonos constantemente. Y muchas veces confundimos ambas cosas.

Pensamos que para cambiar necesitamos ser más duros con nosotros mismos. Creemos que la transformación vendrá desde la presión, la crítica, exigencia y el rechazo constante hacia todo lo que no nos gusta de nosotros. Entonces comenzamos a vivir en una guerra interna intentando corregir cada parte que sentimos que no encaja.

La voz demasiado fuerte.

La personalidad demasiado intensa.

El cuerpo que no luce como quisiéramos.

Las canas.

La edad.

Las emociones.

Las inseguridades.

Las partes de nosotros que sentimos "demasiado".

Y poco a poco comenzamos a mirarnos como un proyecto defectuoso en lugar de como personas en proceso.

Muchas personas viven esperando convertirse en "la versión correcta" de sí mismas para entonces permitirse descansar, aceptarse o sentirse valiosas. Piensan:

"Cuando cambie esto, entonces podré quererme."

"Cuando logre aquello, entonces me sentiré suficiente."

"Cuando encaje mejor, entonces podré sentir paz."

Pero mientras ese momento llega, viven rechazando continuamente a la persona que son hoy.

Y eso agota profundamente.

Porque nadie florece correctamente en un ambiente de odio constante hacia sí mismo.

La transformación no comenzó realmente en mí cuando me volví más estricta conmigo misma. Comenzó cuando dejé de tratarme como mi propia enemiga. Cuando dejé de mirar cada imperfección como evidencia de que algo estaba mal conmigo y empecé a reconocer que Dios también estaba presente en medio de mi proceso.

Poco a poco comencé a entender algo importante: Dios no estaba esperando que me destruyera emocionalmente para entonces comenzar a amarme. Él me amaba con amor eterno desde la eternidad.

Él ya me estaba formando aun mientras seguía creciendo.

Y eso cambió mi manera de verme.

Mi voz dejó de ser algo vergonzoso para convertirse en herramienta. Esa voz fuerte, ruidosa y escandalosa que tantas veces sentí que no encajaba, también podía ser usada para llevar esperanza, alegría y buenas nuevas.

Mi cuerpo dejó de ser solamente motivo de rechazo y comenzó a convertirse en algo que necesitaba cuidado. Ya no se trataba de odiarme hasta cambiar, sino de honrar lo que Dios me había dado mientras seguía aprendiendo a cuidarlo mejor.

Mis canas dejaron de sentirse como derrota y comenzaron a parecer evidencia de vida vivida.

Y aunque todavía existían áreas donde quería crecer, ya no estaba intentando hacerlo desde desprecio hacia mí misma.

Eso fue profundamente importante.

Porque el odio constante rara vez produce transformación saludable. Produce agotamiento, ansiedad y una sensación permanente de nunca ser suficiente.

Y muchas veces creemos que esa dureza es disciplina espiritual, cuando en realidad es una forma de condenación silenciosa.

La Biblia nos muestra constantemente a un Dios que confronta, corrige y transforma... pero también que sostiene, acompaña y restaura. Un Dios que no ignora nuestras áreas inmaduras, pero tampoco nos define únicamente por ellas.

Y muchas veces nosotros no sabemos tratarnos con esa misma misericordia.

Tenemos paciencia con otros aun a los extraños. Entendemos procesos ajenos. Extendemos gracia fácilmente hacia personas que amamos. Pero cuando se trata de nosotros mismos, vivimos exigiéndonos perfección inmediata.

Y ahí comenzamos a agotarnos internamente.

Porque la autoexigencia extrema puede disfrazarse de crecimiento mientras lentamente destruye nuestra paz.

Fue cuando dejé de odiar a la Ivelisse que no encajaba completamente que comencé a notar cambios más reales y sostenibles dentro de mí. Porque no nací para encajar en moldes humanos, fui creada para cumplir el perfecto propósito de Dios para mi vida.

Cuando dejé de pelear contra mi esencia y empecé a permitir que Dios transformara la receta sin destruir mi identidad.

Porque Dios no estaba intentando borrar quién yo era.

Estaba sanando la manera en que yo me veía.

Y ahí comenzó una transformación distinta.

Más apacible.

Más honesta.

Más profunda.

Ya no basada solamente en corregirme, sino también en reconocer el valor que Dios ya había colocado dentro de mí desde el principio.

Porque muchas veces el crecimiento verdadero no comienza cuando aprendemos a odiar más nuestras fallas.

Comienza cuando dejamos de rechazar completamente a la persona que Dios todavía sigue formando con amor.

Y aunque seguimos siendo imperfectos, aprendemos poco a poco a mirarnos con más misericordia, más paciencia y más verdad.

No para quedarnos iguales.

Sino para crecer sin vivir constantemente en guerra con nosotros mismos.

La mesa de reflexión

Verdad que permanece
La transformación sana mejor en un ambiente de gracia que en uno de rechazo constante hacia nosotros mismos.

Oración
Señor, ayúdanos a dejar de mirarnos únicamente desde nuestras fallas. Enséñanos a reconocer el valor, el diseño y las áreas hermosas que Tú ya has colocado dentro de nosotros aun mientras seguimos creciendo. Danos misericordia para caminar en transformación sin vivir rechazándonos constantemente. Amén.

Frase sazonada
La transformación comenzó cuando dejé de odiar a la persona que Dios todavía seguía formando con amor.

Actividad individual

1. ¿Qué parte de ti has rechazado por años porque sientes que "no encaja"?
2. ¿Crees que estás intentando crecer desde amor o desde rechazo hacia ti mismo?
3. ¿Cómo cambiaría tu proceso si comenzaras a tratarte con más paciencia y misericordia?
4. Ora:

   "Gran Chef, enséñame a verme con la misma gracia con la que Tú me has sostenido durante todo este proceso."
5. Escribe tres cualidades o características tuyas que antes rechazabas y que ahora puedes comenzar a ver desde una perspectiva más sana y compasiva.

Capítulo 16

El plato que no todos saben probar

Una de las partes más difíciles del proceso de transformación ocurre cuando nosotros comenzamos a cambiar, pero las personas que nos rodean todavía siguen relacionándose con la versión antigua de nosotros.

Ellos recuerdan:

las reacciones impulsivas,

los momentos difíciles,

las decisiones incorrectas,

las etapas donde actuábamos desde miedo, ansiedad, inseguridad o inmadurez.

Y aunque Dios ya comenzó a trabajar profundamente dentro de nosotros, muchas veces otros todavía continúan interpretándonos desde el sabor anterior de la receta.

Eso puede doler.

Especialmente cuando sentimos que hemos luchado tanto por crecer, sanar y cambiar ciertas áreas. Queremos que las personas noten inmediatamente la transformación, pero la realidad es que las relaciones humanas también tienen procesos.

La Biblia muestra esto claramente en la vida de Pablo.

Después de su encuentro con Dios, su vida cambió radicalmente. Ya no era el mismo hombre que perseguía creyentes y sembraba temor. Dios había comenzado una transformación profunda dentro de él.

Pero las personas todavía recordaban quién había sido Saulo.

Y honestamente, tenía sentido.

Porque las acciones dejan huellas. Las temporadas difíciles crean memorias. Y cuando una persona ha reaccionado de cierta manera durante mucho tiempo, no siempre es fácil para otros actualizar inmediatamente la imagen que tienen de ella.

Eso no significa necesariamente que las personas sean crueles. Muchas veces simplemente están procesando desde experiencias reales que vivieron con nosotros.

Y ahí es donde el proceso también requiere humildad.

Porque a veces queremos que otros olviden rápidamente versiones nuestras que nosotros mismos sostuvimos durante años.

Queremos confianza inmediata.

Credibilidad inmediata.

Nuevas oportunidades inmediatas.

Pero la transformación interna puede comenzar rápidamente mientras que la confianza humana muchas veces necesita tiempo para reconstruirse.

Y aceptar eso requiere madurez emocional.

Porque en esos momentos aparece una tentación peligrosa: volver a reaccionar desde la receta vieja para defendernos, frustrarnos o demostrar algo.

Cuando sentimos que todavía nos tratan desde la ansiedad pasada, los errores antiguos o versiones heridas de nosotros mismos, podemos terminar pensando:

"Entonces nunca cambiaré."

"Nadie ve mi crecimiento."

"Siempre me verán igual."

Pero eso no es verdad.

El hecho de que otros todavía estén aprendiendo a conocernos de nuevo no significa que Dios no haya comenzado una transformación real dentro de nosotros.

Muchas veces el cambio más importante no es que todos reconozcan inmediatamente nuestra nueva etapa, sino que nosotros aprendamos a permanecer firmes en ella aun mientras otros todavía están ajustando su percepción.

Eso es difícil.

Porque queremos ser comprendidos. Queremos que las personas noten el esfuerzo, el crecimiento y las áreas donde ya no vivimos igual que antes.

Y sí, a veces puede sentirse injusto cuando otros continúan reaccionando hacia nosotros desde una versión que ya no nos define completamente.

Pero también debemos recordar algo importante: las personas muchas veces conocieron nuestras heridas antes de conocer nuestra sanidad.

Vieron nuestros momentos de ansiedad antes de ver nuestra esperanza. Vieron nuestras temporadas más desordenadas antes de ver los procesos de restauración que Dios comenzó silenciosamente dentro de nosotros.

Y aunque todavía podamos luchar con algunas áreas, ya no vivimos completamente gobernados por ellas.

Esa diferencia importa.

Porque no es lo mismo sentir miedo que vivir dirigido completamente por él. No es lo mismo experimentar ansiedad que construir toda nuestra vida alrededor de ella.

Muchas veces la transformación se revela precisamente ahí: seguimos siendo humanos, seguimos atravesando emociones y procesos, pero ya no permitimos que esas áreas tengan la autoridad absoluta sobre nuestra identidad y nuestro futuro.

Pablo no regresó a ser Saulo porque otros todavía dudaban de él.

Y nosotros tampoco podemos regresar continuamente a esas recetas viejas simplemente porque algunas personas todavía están aprendiendo a reconocer nuestro crecimiento.

El proceso no solo ocurre dentro de nosotros; también ocurre en la manera en que otros aprenden a volver a vernos.

Y eso requiere paciencia.

Paciencia con nosotros mismos.

Paciencia con quienes todavía están ajustando su percepción.

Y confianza en que Dios no necesita validación humana inmediata para continuar Su obra dentro de nosotros.

Porque aunque algunas personas todavía recuerden el sabor viejo de la receta, Dios está cocinando una receta diferente dentro de nosotros.

Y no todos sabrán probarlo inmediatamente.

La mesa de reflexión

Verdad que permanece

El hecho de que otros todavía recuerden mi versión pasada no significa que Dios no esté transformando mi presente.

Oración

Señor, ayúdanos a caminar con humildad y paciencia mientras seguimos creciendo y mientras otros también aprenden a ver la obra que Tú estás haciendo en nosotros. Danos sabiduría para no reaccionar desde frustración cuando todavía somos vistos desde temporadas antiguas. Enséñanos a permanecer firmes en la transformación que Tú ya comenzaste. Amén.

Frase sazonada

No todos sabrán reconocer inmediatamente el sabor de la nueva receta que Dios está formando en nosotros.

Actividad individual

1. ¿Qué versión pasada de ti sientes que algunas personas todavía siguen viendo?
2. ¿Cómo reaccionas normalmente cuando sientes que otros no reconocen tu crecimiento?
3. ¿Crees que has tenido paciencia con el tiempo que otros necesitan para volver a confiar o verte diferente?
4. Ora:

   "Gran Chef, ayúdame a permanecer firme en la nueva receta que Tú estás formando en mí, aun mientras otros todavía están aprendiendo a verla."
5. Escribe tres maneras en las que sabes que ya no vives gobernado completamente por áreas que antes dirigían tu vida.

Capítulo 17

Aprender el sabor de nuestra nueva receta

Después de años viviendo desde ciertas heridas, pensamientos y mecanismos de supervivencia, llega un momento extraño en el proceso de transformación: comenzamos a cambiar, pero todavía no sabemos completamente cómo vivir desde esa nueva versión de nosotros mismos.

Porque sanar no solo implica dejar atrás recetas viejas. También implica aprender a habitar la nueva receta que Dios está formando dentro de nosotros.

Y eso puede sentirse desconocido al principio.

Muchas personas aprendieron a sobrevivir, pero nunca aprendieron a vivir en paz. Aprendieron a resistir, resolver, producir y a mantenerse fuertes, pero no a descansar, disfrutar, permanecer presentes o a tratarse con ternura.

Por eso, cuando finalmente comienza a llegar algo de calma, hasta la paz puede sentirse extraña.

Después de años sobreviviendo, la ternura puede sentirse desconocida.

La Biblia muestra algo parecido en el pueblo de Israel. Aunque ya habían salido de Egipto, todavía pensaban muchas veces como esclavos. Habían sido liberados físicamente, pero internamente todavía estaban aprendiendo cómo vivir desde una nueva realidad.

Y eso también nos ocurre a nosotros.

A veces Dios ya comenzó a transformarnos, pero todavía estamos aprendiendo cómo caminar desde esperanza en lugar del miedo, cómo descansar sin culpa y cómo disfrutar la vida sin sentir que algo malo ocurrirá inmediatamente después.

Porque cuando una persona vive demasiado tiempo en ansiedad, presión o supervivencia constante, eventualmente se acostumbra al fuego alto. Se acostumbra a vivir alerta, acelerada y esperando problemas.

Entonces cuando llega la calma, el cuerpo y la mente casi no saben qué hacer con ella.

Y ahí comienza otro aprendizaje profundamente importante:

aprender a ser tiernos con nosotros mismos.

No débiles.

No irresponsables.

No conformistas.

Tiernos.

Porque muchas personas crecieron sabiendo corregirse, exigirse y criticarse, pero nunca aprendieron a cuidarse con misericordia.

Y eso cambia profundamente el proceso de transformación.

Fue ahí donde muchas cosas comenzaron a cambiar dentro de mí. Cuando dejé de tratar mi cuerpo y mi mente como algo que necesitaba castigo constante y comencé a verlos como algo que también necesitaba cuidado.

Aprendí a bajar el ritmo.

A darme baños largos.

A poner música suave mientras descansaba.

A leer en calma, sin prisa.

A hacerme faciales, pedicuras y manicuras no solamente por estética, sino porque estaba aprendiendo a tratarme con más apacibilidad.

Y aunque para algunos eso podría parecer superficial, para mí representaba algo mucho más profundo:

estaba aprendiendo a dejar de vivir constantemente en guerra conmigo misma.

También aprendí a comer despacio.

A sentarme presente mientras comía en lugar de vivir acelerada incluso en los momentos simples. Aprendí a disfrutar una caminata, una conversación tranquila con mi esposo, el viento en la cara y esos pequeños espacios donde antes mi mente seguía demasiado ocupada sobreviviendo como para realmente habitarlos.

Y poco a poco entendí algo importante:

no solo estaba aprendiendo a cambiar; estaba aprendiendo a estar presente en mi propia vida.

Eso fue profundamente transformador.

Porque sanar no siempre se ve como grandes momentos dramáticos. A veces también se ve como una persona que finalmente aprende a respirar sin tanta presión interna. Como alguien que deja de esperar tragedia constantemente y comienza a permitirse disfrutar otra vez.

Incluso cuando todavía existen luchas.

Porque el miedo puede aparecer y aun así ya no dirigir toda nuestra vida.

Lo entendí recientemente el día que me atreví a tirarme de un Zipline a 2,200 pies de altura sobre el Niagara Falls, en Canadá.

Sentí un miedo terrible cuando aquella puerta se abrió delante de mí. Mi mente anticipó escenarios y mi cuerpo reaccionó. Pero esta vez el miedo no decidió por mí.

Y una vez me lancé, ocurrió algo inesperado y hermoso:

la brisa,

la vista,

la libertad,

mis brazos abiertos,

la sensación de plenitud.

No era ausencia de miedo.

Era libertad aun en medio de aquel terrible miedo.

Y creo que así se siente muchas veces aprender a saborear el sabor de nuestra nueva receta.

Seguimos siendo humanos. Seguimos teniendo momentos difíciles, pensamientos intensos y procesos reales. Pero ya no vivimos completamente encerrados dentro de ellos.

Ahora comenzamos a experimentar algo distinto:

presencia,

esperanza,

calma,

gratitud

y una vida menos gobernada por supervivencia constante.

Porque Dios no solo quiere rescatarnos del dolor.

También quiere enseñarnos a volver a vivir. A vivir en plenitud y la vida abundante que Jesús nos prometió en la cruz del calvario. A vivir como niños, con curiosidad con asombro y alegría.

Y aprender eso toma tiempo.

Porque después de años viviendo desde recetas viejas, hasta la paz necesita ser practicada.

Pero poco a poco comenzamos a descubrir que esta nueva receta también tiene sabor.

Y aunque al principio se sienta desconocida, con el tiempo aprendemos a reconocerla como hogar.

La mesa de reflexión

Verdad que permanece

Sanar también implica aprender a vivir desde la nueva receta que Dios está formando en nosotros.

Oración

Señor, enséñanos a vivir desde la paz, la esperanza y la nueva identidad que Tú estás desarrollando dentro de nosotros. Ayúdanos a bajar el ritmo, a permanecer presentes y a tratarnos con la misma ternura con la que Tú nos has sostenido durante todo este proceso. Danos gracia para aprender el sabor de esta nueva etapa sin volver constantemente a recetas viejas. Amén.

Frase sazonada

No solo estaba aprendiendo a cambiar; estaba aprendiendo a estar presente en mi propia vida.

Actividad individual

1. ¿Qué áreas de tu vida todavía se sienten extrañas ahora que estás aprendiendo a vivir con más calma o esperanza?
2. ¿Te cuesta recibir momentos de paz sin esperar inmediatamente un problema?
3. ¿De qué maneras puedes comenzar a tratarte con más ternura y presencia?
4. Ora:
    "Gran Chef, enséñame a habitar con paz la nueva receta que Tú estás formando dentro de mí."
5. Haz esta semana una actividad sencilla con presencia completa: comer despacio, caminar, conversar o descansar sin distracciones, y escribe cómo se sintió vivir ese momento plenamente.

Capítulo 18

El sabor familiar de las recetas viejas

Una de las cosas más difíciles del proceso de transformación es descubrir que, aun después de haber crecido, sanado y cambiado muchas áreas, todavía existen momentos donde una parte de nosotros quiere regresar a esas recetas viejas.

Pensamientos viejos.

Actitudes viejas.

Mecanismos viejos de defensa.

Maneras antiguas de reaccionar, defendernos o sobrevivir.

Y eso puede ser frustrante.

Porque después de avanzar tanto, a veces pensamos:

"¿Por qué todavía quiero volver ahí?"

"¿Por qué ciertos pensamientos regresan?"

"¿Por qué una parte de mí todavía extraña maneras de vivir que me hacían daño?"

Pero muchas veces la respuesta no es porque realmente amemos esas recetas.

Es porque las conocemos demasiado bien. Porque aunque nos hace daño es conocido o familiar.

La Biblia muestra esto claramente en el pueblo de Israel. Aunque Dios los había sacado de Egipto, en distintos momentos del camino comenzaron a hablar como si quisieran regresar.

Y eso parece absurdo cuando lo leemos rápidamente.

¿Por qué alguien querría volver a esclavitud?

Pero emocionalmente ocurre más de lo que imaginamos.

Porque a veces lo conocido se siente más seguro que lo nuevo, incluso cuando lo conocido nos estaba destruyendo.

Israel estaba aprendiendo algo difícil: salir físicamente de Egipto era una cosa, pero sacar a Egipto de su mente y sus hábitos era otro proceso completamente distinto.

Y eso también ocurre con nosotros.

Muchas veces Dios ya comenzó a transformar nuestra vida, pero internamente todavía estamos aprendiendo cómo vivir desde libertad en lugar de supervivencia.

Por eso hay momentos donde, bajo presión, cansancio o miedo, sentimos deseos de volver automáticamente a:

la ansiedad conocida,

la dureza conocida,

la hiper vigilancia conocida,

la auto crítica conocida,

las reacciones conocidas.

No porque necesariamente queramos destruirnos.

Sino porque esas rutas llevan años existiendo dentro de nosotros.

Y lo familiar muchas veces se siente más cómodo que lo saludable.

Eso es profundamente humano.

Hay personas que incluso comienzan a sentirse incómodas cuando todo está demasiado tranquilo. ¿Te ha pasado? ¿Qué la paz te asusta? La paz se siente rara. El descanso parece sospechoso. La estabilidad emocional parece extraña. Y entonces, sin darse cuenta, vuelven a acelerar la mente, a sobre pensar, a controlar todo o a regresar a pensamientos que antes dirigían completamente su vida.

Porque todavía están aprendiendo a vivir desde una nueva receta.

Y eso requiere paciencia.

Paciencia para entender que la transformación no borra automáticamente años de hábitos internos. Paciencia para reconocer que habrá momentos donde lo viejo todavía parecerá más natural que lo nuevo.

Pero también requiere discernimiento.

Porque no todo lo familiar merece volver a ocupar espacio dentro de nosotros.

Hay recetas que ya no nos hacen bien, aunque todavía nos sepan conocidas.

Y una de las partes más maduras del crecimiento es precisamente aprender a no regresar continuamente a lugares internos que Dios ya están sanando.

Eso no significa que nunca volveremos a sentir miedo, ansiedad o pensamientos viejos.

Significa que ahora podemos reconocerlos sin construir nuevamente toda nuestra vida alrededor de ellos.

Esa diferencia importa muchísimo.

Porque antes esos pensamientos dirigían nuestras decisiones. Ahora los observamos con más conciencia. Antes las emociones nos arrastraban completamente. Ahora aprendemos a detenernos, respirar y discernir antes de reaccionar.

Y aunque todavía existan luchas, ya no vivimos completamente gobernados por ellas.

Muchas veces el crecimiento real no se demuestra porque nunca volvemos a escuchar las voces viejas.

Se demuestra porque ya no les entregamos la autoridad que antes tenían. Y ahí comienza a verse algo hermoso: la libertad empieza a sentirse más familiar que la esclavitud emocional.

Poco a poco dejamos de necesitar el caos para sentirnos "normales". Dejamos de vivir esperando tragedia constantemente. Dejamos de reaccionar automáticamente desde heridas antiguas.

Y aunque a veces todavía sintamos nostalgia por ciertas recetas conocidas, comenzamos a entender algo profundamente importante:

No todo lo familiar merece seguir alimentándonos.

Porque Dios no nos sacó de ciertas temporadas solamente para que viviéramos deseando regresar a ellas internamente.

Nos está enseñando a reconocer un nuevo sabor.

El sabor de una vida menos gobernada por miedo.

Por la supervivencia.

Por los pensamientos que antes parecían inevitables.

Y aunque todavía estemos aprendiendo, poco a poco comenzamos a descubrir que la paz también puede sentirse como hogar.

La mesa de reflexión

Verdad que permanece

No todo lo familiar merece seguir teniendo espacio dentro de mi vida.

Oración

Señor, ayúdanos a reconocer las recetas viejas que todavía intentan sentirse cómodas dentro de nosotros. Danos discernimiento para no regresar emocionalmente a lugares de donde Tú ya comenzaste a sacarnos. Enséñanos a permanecer en la libertad, la paz y la nueva manera de vivir que estás formando en nosotros. Amén.

Frase sazonada

Hay recetas que ya no nos hacen bien, aunque todavía nos sepan familiares.

Actividad individual

1. ¿Qué pensamientos, actitudes o mecanismos viejos tienden a regresar cuando sientes presión o miedo?
2. ¿Hay áreas donde la paz todavía se siente "extraña" para ti?
3. ¿Qué recetas viejas has intentado volver a cocinar aunque ya sabes que no te hacen bien?
4. Ora:

   "Gran Chef, ayúdame a no regresar a recetas que ya no alimentan correctamente mi mente, mi corazón y mi vida."
5. Escribe tres maneras en las que sabes que hoy reaccionas diferente aunque todavía existan momentos donde las recetas viejas intentan regresar.

Capítulo 19

Los ingredientes que seguimos usando

La transformación no ocurre solamente en momentos grandes, profundos o espirituales. Muchas veces también ocurre en las pequeñas cosas que seguimos añadiendo diariamente a nuestra mente, nuestro corazón y a nuestra vida.

Porque aunque Dios esté transformando nuestra receta, todavía seguimos escogiendo los viejos ingredientes constantemente.

Y esos ingredientes importan más de lo que imaginamos.

Las conversaciones que escuchamos.

Los pensamientos que alimentamos.

Las personas que dejamos entrar constantemente a nuestra mesa.

El contenido que consumimos.

Las palabras que repetimos.

Los ambientes donde permanecemos demasiado tiempo.

Todo eso termina formando parte del sabor interno con el que vivimos.

Muchas veces queremos paz, pero seguimos alimentando caos. Queremos claridad, pero seguimos rodeándonos de voces que aumentan confusión, comparación o ansiedad. Queremos transformación, pero continuamos usando ingredientes que fortalecen recetas viejas dentro de nosotros.

Y aunque parezcan pequeños detalles, los ingredientes repetidos eventualmente alteran toda la receta.

La Biblia muestra algo muy interesante en la vida de Daniel. Cuando llegó a Babilonia, decidió no contaminarse con ciertos alimentos del rey. Y aunque esa historia habla literalmente de comida, también nos deja un principio profundamente importante: no todo lo que está disponible necesariamente alimenta bien nuestro interior.

No todo ingrediente conviene.

Y eso aplica mucho más allá de la comida.

Porque hay pensamientos que contaminan lentamente la paz. Hay ambientes que alimentan inseguridad constantemente. Hay conversaciones que nos regresan emocionalmente a versiones antiguas de nosotros mismos. Hay contenidos que fortalecen ansiedad, comparación o agotamiento interno sin que nos demos cuenta.

Y el problema es que muchas veces esperamos que nuestra mente produzca paz mientras seguimos alimentándola diariamente con ingredientes que generan caos.

Eso no significa vivir obsesionados ni convertirnos en personas extremistas que ven peligro en todo. Significa aprender a discernir que ingredientes seguimos usando o si empezamos a usar nuevos ingredientes aunque nos asusten.

Porque parte de la madurez consiste en reconocer qué cosas fortalecen la nueva receta que Dios está formando en nosotros y qué cosas continúan alimentando recetas viejas que ya no queremos sostener.

Hay ingredientes que producen:

calma,

claridad,

esperanza,

descanso,

sabiduría

y vida.

Pero también hay ingredientes que producen:

caos,

ruido,

confusión,

amargura,

comparación,

temor

y agotamiento emocional.

Y muchas veces la diferencia entre una mente saludable y una mente constantemente consumida no está solamente en un gran evento traumático, sino en pequeños ingredientes repetidos diariamente por años.

Por eso es tan importante prestar atención a los ingredientes que seguimos usando dentro de nuestra receta.

No solamente lo que entra por nuestra boca, sino también:

lo que entra por nuestros ojos, por nuestros oídos, por nuestras conversaciones y por nuestros pensamientos repetitivos.

Porque todo aquello que alimentamos consistentemente eventualmente comienza a fortalecerse dentro de nosotros.

Y eso funciona tanto para lo saludable como para lo destructivo.

Hay personas que sin darse cuenta alimentan constantemente:

la crítica interna,

la ansiedad,

la comparación,

la negatividad

o el miedo.

Y luego se frustran porque esas áreas continúan teniendo fuerza dentro de su vida.

Pero los ingredientes repetidos crean sabores permanentes.

Por eso la transformación también requiere intención.

Requiere preguntarnos:

"¿Esto está fortaleciendo paz o caos dentro de mí?"

"¿Esto me acerca más a la verdad o alimenta pensamientos destructivos?"

"¿Este ambiente me ayuda a crecer o fortalece recetas viejas?"

Y aunque al principio algunos cambios puedan parecer pequeños, con el tiempo comienzan a alterar profundamente el sabor completo de nuestra vida.

Porque una receta nueva no se sostiene solamente con buenos deseos.

También necesita ingredientes distintos.

Ingredientes que alimenten:

la paz que estamos aprendiendo,

la esperanza que Dios está formando,

la ternura con la que ahora comenzamos a tratarnos

y la nueva manera de vivir que poco a poco estamos descubriendo.

Y mientras más aprendemos a escoger conscientemente lo que alimenta nuestra mente y nuestro corazón, más comenzamos a notar algo hermoso:

La nueva receta empieza a fortalecerse naturalmente dentro de nosotros.

La mesa de reflexión

Verdad que permanece
Los ingredientes que alimento diariamente terminan formando el sabor de mi vida.

Oración
Señor, ayúdanos a discernir qué ingredientes estamos permitiendo entrar continuamente a nuestra mente y nuestro corazón. Danos sabiduría para alimentar aquello que produce paz, esperanza y vida dentro de nosotros, y para alejarnos de lo que fortalece recetas viejas que Tú ya estás transformando. Amén.

Frase sazonada
Los ingredientes repetidos eventualmente crean sabores permanentes.

Actividad individual

1. ¿Qué ingredientes emocionales, mentales o espirituales sientes que has estado alimentando últimamente?
2. ¿Hay ambientes, conversaciones o contenidos que fortalecen recetas viejas dentro de ti?
3. ¿Qué ingredientes saludables necesitas comenzar a añadir más constantemente a tu vida?
4. Ora:
   "Gran Chef, ayúdame a escoger ingredientes que fortalezcan la nueva receta que Tú estás formando dentro de mí."
5. Haz una lista de tres cosas que alimentan paz y crecimiento en tu vida y tres cosas que producen caos, ansiedad o agotamiento emocional.

Capítulo 20

Somos el plato que Dios servirá a otros

Durante mucho tiempo pensamos que todo el proceso se trataba solamente de nosotros.

Nuestras heridas.

Nuestros pensamicntos.

Nuestra ansiedad.

Nuestra lucha interna.

Nuestra transformación.

Y aunque Dios sí trabaja profundamente en cada una de esas áreas, llega un momento donde comenzamos a entender algo mucho más significativo: el proceso nunca fue solamente para nosotros.

Dios también estaba preparando un plato que pudiera alimentar a otros.

Porque las recetas transformadas no solo sobreviven. También nutren, acompañan y sostienen a personas que todavía están atravesando temporadas difíciles.

Y muchas veces, sin darnos cuenta, nosotros mismos nos convertimos en el plato que Dios servirá para alimentar esperanza, descanso y verdad en otras vidas.

Eso cambia completamente la perspectiva del proceso.

Porque entonces entendemos que:

las lágrimas no fueron desperdicio,

las temporadas difíciles no fueron inútiles,

las luchas internas no ocurrieron en vano.

Dios estaba formando sensibilidad, profundidad, compasión y ternura que más adelante podrían convertirse en alimento para otros.

La Biblia muestra esto claramente en la vida de Pedro.

Pedro falló. Se quebró. Sintió vergüenza, miedo y frustración consigo mismo. Pero después de restaurarlo, Jesús no simplemente le dijo:

"Ya estás perdonado."

Le dijo:

"Apacienta mis ovejas."

Eso es profundamente importante.

Porque Jesús estaba revelándole que su proceso no terminaría solamente en restauración personal. Ahora aquello que había aprendido, sufrido y experimentado también serviría para alimentar y sostener a otros.

Y eso ocurre mucho más frecuente de lo que imaginamos.

Muchas veces las áreas donde más fuimos trabajados terminan convirtiéndose en las áreas desde donde más amor, paciencia y comprensión podemos ofrecer.

La persona que aprendió a vivir después de ansiedad ahora puede hablar esperanza a alguien que siente miedo constante.

La persona que aprendió a tratarse con misericordia ahora puede extender gracia y misericordia a otros sin destruirlos con juicio.

La persona que conoció temporadas de cansancio profundo ahora puede reconocer a alguien agotado emocionalmente aun cuando sonríe por fuera.

Porque el dolor atravesado correctamente muchas veces desarrolla una sensibilidad que no nace solamente de la teoría.

Y eso tiene muchísimo valor.

Hay palabras que solo pueden salir con cierta profundidad cuando primero fueron cocinadas en procesos reales.

Por eso Dios no desperdicia las temporadas difíciles que luego alimentarán a otros.

Y aunque muchas veces durante el proceso pensamos:

"¿Por qué estoy viviendo esto?"

"¿Por qué esta lucha?"

"¿Por qué esta temporada tan difícil?"

Con el tiempo comenzamos a descubrir que muchas de esas áreas también estaban formando la manera en que un día podríamos acompañar, comprender y sostener a otras personas.

No desde superioridad.

No desde perfección.

Sino desde humanidad transformada.

Porque algo muy hermoso ocurre cuando dejamos de esconder completamente nuestras luchas y comenzamos a permitir que Dios use incluso nuestras áreas restauradas para llevar esperanza.

Las personas no siempre necesitan escuchar discursos perfectos.

Muchas veces necesitan sentarse frente a alguien que pueda decir:

"Yo también tuve miedo."

"Yo también luché."

"Yo también pensé que no iba a cambiar."

"Yo también tuve que aprender a descansar, a vivir diferente y a verme con misericordia."

Y ahí, algo comienza a alimentarse dentro de otros.

No solamente por nuestras palabras, sino porque el sabor de una receta transformada puede sentirse.

Porque la gracia deja sabor.

La esperanza deja sabor.

La paz deja sabor.

La ternura deja sabor.

Y las personas cansadas suelen reconocer rápidamente cuando están frente a alguien que ya sobrevivió ciertos fuegos sin endurecer completamente el corazón.

Eso es hermoso.

Porque entonces entendemos que Dios no solo estaba intentando sanarnos para que viviéramos mejor.

También estaba preparando una mesa donde otros pudieran encontrar alimento, descanso y esperanza a través de nuestra historia.

Y aunque todavía seguimos creciendo, algo dentro de nosotros ya comenzó a convertirse en evidencia viva de que Dios transforma recetas que parecían demasiado rotas, agotadas o confundidas para volver a alimentar correctamente.

Por eso hoy podemos mirar el proceso de manera diferente.

No solamente como sobrevivientes de temporadas difíciles. Sino como personas que ahora también pueden servir esperanza a otros desde una receta transformada por las manos del *Gran Chef.*

La mesa de reflexión

Verdad que permanece

Dios no desperdicia los procesos que luego alimentarán esperanza en otros.

Oración

Señor, gracias porque incluso las temporadas más difíciles pueden convertirse en alimento para otras personas cuando Tú las transformas. Ayúdanos a no esconder completamente nuestra humanidad, sino permitir que la gracia, la paz y la esperanza que hemos aprendido también puedan sostener a otros. Usa nuestra historia para reflejar Tu amor y Tu capacidad de restaurar recetas que parecían imposibles de transformar. Amén.

Frase sazonada

Muchas veces nosotros mismos nos convertimos en el plato que Dios servirá para alimentar esperanza en otros.

Actividad individual

1. ¿Qué área de tu proceso crees que hoy te permite comprender mejor el dolor o la lucha de otras personas?
2. ¿Cómo ha cambiado tu manera de tratar a otros después de atravesar tus propias luchas?
3. ¿Hay alguna parte de tu historia que antes querías esconder y ahora podría convertirse en esperanza para alguien más?
4. Ora:
   "Gran Chef, usa incluso mis procesos y mis áreas restauradas para alimentar esperanza, paz y vida en otros."
5. Escribe tres cosas que has aprendido a través de tus luchas y que hoy podrían servir para acompañar o sostener a otra persona.

Capítulo 21

El Gran Chef todavía está cocinando

Después de todo este proceso, hay una verdad que poco a poco comenzamos a entender: Dios todavía sigue trabajando en nosotros.

Y sorprendentemente, eso ya no se siente tan desesperante como antes.

Porque hubo un tiempo donde queríamos que los cambios fueran inmediatos. Queríamos entenderlo todo, corregir todo y acelerar cada proceso interno. Nos frustrábamos cuando todavía aparecían las luchas, los pensamientos viejos o aquellas áreas inmaduras. Sentíamos que si la receta todavía tenía partes sin resolver, entonces algo estaba mal con nosotros.

Pero ahora comenzamos a verlo diferente.

Ahora entendemos que el hecho de que la receta todavía se esté cocinando no significa que el Gran Chef haya perdido el control.

Eso nos cambia muchísimo.

Porque aprendimos que Dios no trabaja solamente en momentos rápidos y visibles. Muchas veces también trabaja lentamente, en silencio, a fuego bajo, transformando áreas profundas que necesitan tiempo, gracia y paciencia.

Y aunque todavía existen partes de nosotros que siguen creciendo, ya no vivimos pensando que estamos arruinados.

Vivimos entendiendo que seguimos en proceso.

Eso trae descanso.

No el descanso de rendirnos y dejar de crecer, sino el descanso de confiar en que Dios continúa obrando incluso cuando nosotros todavía no vemos el resultado completo.

Y honestamente, eso requiere fe.

Porque hay temporadas donde todavía no entendemos completamente lo que Dios está haciendo dentro de nosotros. Hay áreas donde el cambio parece lento. Momentos donde todavía sentimos emociones intensas, pensamientos viejos o inseguridades que pensábamos superadas.

Pero incluso ahí, el Gran Chef sigue trabajando.

Sigue ajustando ingredientes.

Sigue sanando sabores.

Sigue bajando intensidades.

Sigue transformando aquello que antes parecía imposible de cambiar.

Y poco a poco comenzamos a reconocer algo hermoso: ya no somos exactamente quienes éramos antes.

Tal vez todavía no somos todo lo que soñamos llegar a ser, pero tampoco seguimos completamente atrapados en las recetas viejas que antes dirigían nuestra vida.

Ahora reaccionamos diferente.

Pensamos diferente.

Descansamos diferente.

Nos hablamos diferente.

Vivimos diferente.

Y aunque todavía existan luchas, algo dentro de nosotros ya comenzó a saber distinto.

Eso también es evidencia del proceso.

Durante este camino aprendimos que: las voces incorrectas pueden moldear algunas recetas internas, que la ansiedad no tiene la autoridad final sobre nuestra vida, que la ternura también transforma, que algunas recetas necesitan fuego bajo, que no todo lo familiar merece seguir alimentándonos y que incluso nuestras luchas pueden convertirse en alimento para otros.

Pero sobre todo, aprendimos algo profundamente importante: nunca estuvimos solos en la cocina. Aun en las temporadas donde no entendíamos el proceso, donde queríamos rendirnos o donde nos sentíamos demasiado rotos para cambiar, Dios seguía presente.

No abandonó la receta.

No dejó de trabajar.

No se cansó de nosotros.

Y quizás esa es una de las transformaciones más hermosas de todas: ahora confiamos más en las manos del Gran Chef que en nuestra capacidad de entender cada paso del proceso.

Porque finalmente comprendimos que Dios no está intentando destruirnos.

Está formando algo.

Alguien más sano.

Más libre.

Más verdadero.

Más lleno de paz.

Más capaz de amar.

Más capaz de vivir.

Y aunque todavía haya áreas cocinándose lentamente dentro de nosotros, ya no vemos eso como señal de fracaso.

Lo vemos como señal de que el proceso sigue vivo.

Porque las recetas más profundas muchas veces toman tiempo.

Y el *Gran Chef* nunca apresura algo que todavía necesita ser trabajado con amor.

Por eso hoy podemos respirar diferente. No porque ya todo sea perfecto.

Sino porque ahora sabemos que incluso en medio de nuestras áreas incompletas, Dios sigue obrando con paciencia, gracia y propósito.

Y mientras Él siga trabajando en nuestra receta, todavía hay esperanza.

Todavía hay transformación.

Todavía hay vida.

Porque él todavía está cocinando.

<u>**La mesa de reflexión**</u>

Verdad que permanece
El hecho de que todavía siga en proceso no significa que Dios haya dejado de trabajar en mí.

Oración
Señor, gracias porque no abandonas la receta aun cuando el proceso parece lento o incompleto. Gracias porque sigues trabajando con paciencia, gracia y amor aun en las áreas donde todavía estamos creciendo. Ayúdanos a confiar más en Tus manos que en nuestra necesidad de entenderlo todo. Enséñanos a descansar en la seguridad de que Tú todavía estás obrando dentro de nosotros. Amén.

Frase sazonada
El hecho de que la receta todavía se esté cocinando no significa que el Gran Chef haya perdido el control.

Actividad individual

¿Qué área de tu vida todavía te cuesta aceptar como "proceso" en lugar de verla como fracaso?

¿Cómo ha cambiado tu manera de ver a Dios después de atravesar todo este proceso?

¿Qué evidencia puedes reconocer hoy de que Dios sí ha estado trabajando dentro de ti?

Ora:
"Gran Chef, ayúdame a confiar en Tu proceso aun cuando todavía no puedo ver completamente el resultado final."

Escribe una carta corta agradeciendo a Dios por una transformación que hoy puedes reconocer en tu vida, aunque todavía sigas creciendo en otras áreas.

Conversaciones alrededor de la mesa

A lo largo de este libro hemos hablado de recetas internas, pensamientos, procesos, descanso, ansiedad, gracia, transformación y la manera en que Dios trabaja profundamente dentro de nosotros. Pero muchas veces algunos de los momentos más importantes de crecimiento ocurren cuando dejamos de procesar completamente solos y comenzamos a abrir conversaciones honestas con otros.

Las mesas tienen algo especial.

Alrededor de una mesa las personas:

se escuchan,

se conocen,

comparten historias,

lloran,

ríen,

sanen

y descubren que no están tan solas como pensaban.

Por eso esta sección no fue creada para debatir quién tiene más razón ni para aparentar perfección espiritual. Fue creada para conversar desde honestidad, humanidad y gracia.

No necesitas tener todas las respuestas.

No necesitas impresionar a nadie.

No necesitas esconder completamente tus procesos.

Solo necesitas disposición para hablar con verdad y escuchar con misericordia.

Porque muchas veces, cuando escuchamos la historia de otra persona, entendemos que todos estamos aprendiendo algo dentro de la cocina del Gran Chef.

Conversación 1

Las voces que marcaron nuestra receta

1. ¿Qué frases, comentarios o experiencias sientes que marcaron profundamente la manera en que te ves hoy?
2. ¿Qué voces descubriste que no estaban alineadas con cómo Dios te ve?
3. ¿Cuál ha sido una de las verdades más difíciles de reemplazar dentro de tu mente?
4. ¿Qué aprendiste sobre tu identidad a través de este proceso?

Conversación 2

El fuego de la mente

1. ¿Qué pensamientos tienden a "incendiar" más rápidamente tu mente?
2. ¿Cómo reaccionas normalmente cuando sientes ansiedad, miedo o presión?
3. ¿Qué herramientas te han ayudado a bajar la intensidad del fuego mental?
4. ¿Cómo ha cambiado tu manera de responder a pensamientos viejos?

Conversación 3

A fuego bajo

1. ¿Te cuesta descansar sin sentir culpa?
2. ¿Qué áreas de tu vida estaban viviendo constantemente "a fuego alto"?
3. ¿Cómo has aprendido a bajar el ritmo en esta temporada?
4. ¿Qué cosas pequeñas hoy te ayudan a sentir paz o presencia?

Conversación 4

La receta que dejamos de odiar

1. ¿Qué parte de ti te costó más aceptar o dejar de rechazar?
2. ¿Cómo ha cambiado la manera en que te hablas a ti mismo?
3. ¿Qué significa para ti tratarte con misericordia sin dejar de crecer?
4. ¿Qué aprendiste sobre la ternura hacia ti mismo?

Conversación 5

El plato que no todos saben probar

1. ¿Te ha costado sentir que otros todavía te ven desde una versión vieja de ti?
2. ¿Cómo manejas la frustración cuando otros no reconocen inmediatamente tu crecimiento?
3. ¿Qué aprendiste sobre paciencia y confianza durante ese proceso?
4. ¿Cómo puedes permanecer firme en tu transformación aun mientras otros todavía están aprendiendo a verla?

Conversación 6

Aprender el sabor de nuestra nueva receta

1. ¿Qué cosas simples has aprendido a disfrutar
    nuevamente?
2. ¿Qué se siente diferente ahora en comparación
    con temporadas pasadas?
3. ¿Te ha costado acostumbrarte a vivir con más
    calma, esperanza o descanso?
4. ¿Cómo has aprendido a estar más presente en tu
    propia vida?

Conversación 7

El sabor familiar de las recetas viejas

1. ¿Qué recetas viejas todavía intentan sentirse cómodas dentro de ti?
2. ¿Qué pensamientos o actitudes tienden a regresar cuando sientes miedo o cansancio?
3. ¿Cómo has aprendido a discernir entre lo familiar y lo saludable?
4. ¿Qué áreas muestran que hoy reaccionas diferente aunque todavía sigas creciendo?

Conversación 8

Somos el plato que Dios servirá a otros

¿Qué proceso difícil hoy te permite comprender mejor a otras personas?

¿Cómo ha usado Dios tus luchas para desarrollar compasión o sensibilidad?

3.   ¿Qué parte de tu historia podría traer esperanza a alguien más?

4.   ¿Qué significa para ti convertirte en alguien que también alimenta esperanza en otros?

Conversación final

El Gran Chef todavía está cocinando

1. ¿Qué área de tu vida reconoces hoy como
    evidencia de transformación?
2. ¿Qué aprendiste sobre Dios durante este
    proceso?
3. ¿Cómo ha cambiado tu manera de verte a ti
    mismo?
4. ¿Qué verdad deseas recordar cuando vuelvas a
    sentirte frustrado con tu proceso?
5. Si pudieras resumir este viaje en una sola frase,
    ¿cuál sería?

Antes de levantarte de la mesa, recuerda esto:

No todos estamos en la misma etapa del proceso, pero todos estamos siendo trabajados por las manos del mismo Gran Chef.

Y aunque todavía existan áreas cocinándose lentamente dentro de nosotros, eso no significa que la receta esté arruinada.

Significa que Dios todavía sigue obrando.

Y mientras Él siga trabajando... todavía hay esperanza.

Conclusión

Tal vez cuando comenzaste este libro pensabas que se trataba solamente de pensamientos, actitudes o emociones. Tal vez creías que encontrarías herramientas para cambiar ciertas áreas de tu vida o entender mejor algunas luchas internas. Y aunque hablamos de todo eso, en el fondo este viaje siempre trató de algo más profundo: aprender a ver nuestra receta desde las manos del Gran Chef.

Porque durante mucho tiempo muchos de nosotros vivimos definidos por voces, heridas, miedo, ansiedad, rechazo o recetas que se fueron formando sin que siquiera entendiéramos completamente cómo llegaron allí.

Algunas nacieron en temporadas difíciles. Otras crecieron en medio de palabras incorrectas.

Otras simplemente fueron mecanismos que desarrollamos para sobrevivir.

Pero ninguna de ellas tenía la autoridad final sobre quiénes éramos.

Y quizás eso es una de las verdades más importantes de todo este proceso: la receta pudo haber sido afectada, pero nunca estuvo fuera del alcance de Dios.

A lo largo de estas páginas hablamos de fuego, ingredientes, mesas, descanso, pensamientos, gracia y transformación. Descubrimos que muchas veces Dios no trabaja destruyendo completamente nuestra esencia, sino sanando la manera en que nos vemos, pensamos y vivimos.

Aprendimos que:

la ansiedad no tiene la última palabra,

que las recetas viejas pueden perder fuerza,

que la ternura también transforma,

que la paz necesita ser practicada,

que no todo lo familiar merece seguir alimentándonos

y que incluso nuestros procesos pueden convertirse en alimento para otros.

Pero sobre todo, aprendimos algo profundamente importante: el Gran Chef nunca abandonó la cocina.

Aun en los momentos donde sentíamos que todo estaba demasiado roto, demasiado confuso o demasiado lento, Dios seguía trabajando silenciosamente dentro de nosotros.

Seguía ajustando ingredientes.

Seguía sanando sabores.

Seguía formando algo que muchas veces nosotros todavía no podíamos ver completamente.

Y quizás hoy todavía existan áreas de tu vida que siguen en proceso.

Tal vez todavía luchas con ciertos pensamientos.

Tal vez todavía hay heridas sanando lentamente.

Tal vez aún estás aprendiendo a vivir desde paz en lugar de supervivencia.

Y está bien.

Porque una receta que todavía se está cocinando no es una receta arruinada.

Es una receta que todavía está siendo trabajada con amor.

Por eso no cierres este libro pensando que ahora debes convertirte en alguien perfecto. Ese nunca fue el propósito.

El propósito era recordarte que Dios sigue obrando incluso en medio de tus áreas incompletas.

Que todavía hay esperanza.

Todavía hay crecimiento.

Todavía hay transformación.

Todavía hay vida.

Y aunque no siempre entiendas cada paso del proceso, puedes descansar en algo hermoso:

las manos que sostienen la cocina también sostienen tu vida.

Así que sigue caminando.

Sigue aprendiendo.

Sigue descansando.

Sigue reemplazando voces viejas por verdad.

Sigue tratándote con más misericordia.

Sigue aprendiendo el sabor de la nueva receta que Dios está formando dentro de ti.

Y cuando vuelvas a sentirte frustrado con tu proceso, recuerda esto:

El hecho de que la receta todavía se esté cocinando no significa que el Gran Chef haya perdido el control.

Todavía está trabajando.

Y mientras Él siga obrando... todavía hay esperanza.

La travesía de La Cocina del Cielo

Cada libro de La Cocina del Cielo ha sido una parte distinta del proceso.

No porque el viaje haya terminado, sino porque Dios trabaja nuestras vidas por etapas, capas y temporadas diferentes. A veces confronta procesos. Otras veces transforma actitudes. Y muchas veces trabaja silenciosamente en áreas internas que ni siquiera sabíamos que necesitaban sanidad.

Volumen 1 — Los procesos del Gran Chef

En el primer volumen aprendimos que los procesos no siempre son castigo. Muchas veces son la cocina donde Dios comienza a formar paciencia, carácter y madurez dentro de nosotros.

Hablamos del fuego, del tiempo, de las temporadas difíciles y de cómo el Gran Chef sigue trabajando aun cuando no entendemos completamente lo que está haciendo.

Aprendimos que algunas recetas profundas necesitan cocción lenta.

Volumen 2 — Las actitudes de la cocina

En el segundo volumen comenzamos a mirar nuestras respuestas internas.

No solamente el proceso... sino cómo reaccionábamos dentro de él.

Hablamos de orgullo, humildad, servicio, reacciones, carácter y madurez emocional. Descubrimos que muchas veces Dios no solo quiere cambiar nuestras circunstancias, sino también la manera en que respondemos mientras atravesamos la cocina del proceso.

Porque las actitudes también alteran el sabor de la receta.

Volumen 3 — Las voces que moldearon la receta del alma

En este volumen entramos en un lugar mucho más profundo e íntimo: la cocina interna.

Aquí comenzamos a reconocer las voces, pensamientos, heridas y percepciones que durante años influyeron silenciosamente en nuestra manera de vivir.

Hablamos de ansiedad, identidad, gracia, descanso, ternura, transformación y de aprender una nueva manera de habitar nuestra vida.

Descubrimos que no todo lo que pensábamos sobre nosotros venía de Dios. Y también aprendimos que el Gran Chef no está intentando destruir nuestra esencia, sino sanar la receta que estaba gobernando nuestra alma.

Aprendimos a bajar el ritmo.

A tratarnos con más misericordia.

A reconocer ingredientes viejos.

A aprender el sabor de una nueva receta.

Y a confiar en que Dios todavía sigue trabajando aun en nuestras áreas incompletas.

Y aunque cada volumen tiene un enfoque distinto, todos forman parte de la misma mesa.

Porque el proceso, las actitudes y las voces internas no están separados completamente unos de otros. Todos influyen en la receta que vivimos diariamente.

Por eso La Cocina del Cielo nunca ha tratado solamente de comida, metáforas o emociones.

Siempre ha tratado de transformación.

De entender que Dios sigue trabajando profundamente en nosotros aun cuando todavía estamos creciendo.

Y quizás esa es una de las verdades más hermosas de toda esta travesía:

El *Gran Chef* todavía sigue cocinando.

Todavía sigue sanando.

Todavía sigue ajustando ingredientes.

Todavía sigue transformando recetas que parecían demasiado heridas, aceleradas o agotadas para volver a alimentar correctamente.

Y mientras Él siga trabajando... todavía hay esperanza.

Carta de la autora

Gracias por sentarte en esta mesa.

Gracias por abrir espacio en medio de tu vida para reflexionar, confrontar pensamientos, reconocer heridas y permitir que Dios hablara a áreas profundas de tu corazón a través de estas páginas.

Mientras escribía este libro, entendí algo que todavía sigo aprendiendo cada día: el Gran Chef no trabaja solamente en nuestras circunstancias. También trabaja silenciosamente en nuestra mente, nuestras emociones, nuestras percepciones y la manera en que nos vemos a nosotros mismos.

Y honestamente... yo también sigo en proceso.

También sigo aprendiendo a bajar el ritmo.

A tratarme con más ternura.

A descansar sin culpa.

A no regresar a recetas viejas.

A vivir más presente.

Y a confiar en que Dios todavía sigue obrando aun en las áreas donde todavía estoy creciendo.

Este libro no nació desde perfección.

Nació desde procesos reales. Desde conversaciones profundas, temporadas difíciles, preguntas internas y momentos donde Dios poco a poco me enseñó que la transformación no siempre ocurre desde dureza, sino también desde gracia, paciencia y amor.

Por eso espero que al terminar este libro no te sientas presionado a convertirte en alguien perfecto.

Espero que te sientas acompañado.

Espero que puedas respirar un poco más profundo.

Que aprendas a verte con más misericordia.

Que reconozcas cuánto has crecido.

Y que recuerdes que el hecho de que todavía existan áreas en proceso no significa que Dios haya dejado de trabajar en ti.

Porque Él sigue en la cocina.

Y mientras el Gran Chef siga trabajando... todavía hay esperanza.

Gracias por compartir esta mesa conmigo.

Con cariño,

Ive Adorno

La receta que Dios sigue formando.

Hoy reconozco que todavía estoy en proceso, pero también reconozco que ya no soy exactamente la misma persona de antes. También ha estado trabajando en ti. Tal vez estas preguntas te ayuden a mirar con más gracia el camino que ya has recorrido.

Dios ha estado trabajando en:

Las recetas viejas que ya no quiero seguir alimentando son:

Las nuevas áreas que deseo fortalecer en esta temporada son:

Hoy decido creer que:

Oración personal:

Gracias por sentarte en esta mesa.

Que cada proceso, cada fuego y cada ingrediente siga acercándote más al corazón del Gran Chef.

Y cuando vuelvas a sentirte frustrado con tu proceso... recuerda:

El hecho de que la receta todavía se esté cocinando no significa que el Gran Chef haya perdido el control.

Él todavía sigue obrando.

Todavía sigue sanando.

Todavía sigue cocinando.

Sobre la autora

Ivelisse **Adorno** es chef, escritora y creadora de la serie *La Cocina del Cielo*, una colección de libros que une reflexiones de vida, fe, procesos emocionales y metáforas culinarias para hablar de transformación interior desde una perspectiva profundamente humana y espiritual.

Con un estilo honesto, cálido y lleno de sensibilidad, Ivelisse escribe sobre temas como identidad, ansiedad, gracia, propósito, descanso, pensamientos y crecimiento personal, utilizando la cocina como símbolo del proceso que Dios desarrolla en cada vida.

Además de su trabajo como autora, también se ha destacado en el mundo culinario creando contenido, recetas y proyectos que reflejan su amor por servir, enseñar y conectar con las personas desde la mesa y la conversación.

A través de sus libros, clases y reflexiones, busca recordarles a otros que ninguna receta está demasiado rota para las manos del Gran Chef.

Porque aún en medio del proceso... todavía hay esperanza.